# 知れば知るほど感動する
# 昭和の歴史100

別冊宝島編集部 編

宝島
SUGOI
文庫

# はじめに

2025年は昭和が始まって100年目に当たる。昭和がそのまま続いていれば、昭和100年だ。そこで別冊宝島編集部では「昭和100年」シリーズを企画した。

この文庫は、その一環で作られた「昭和の歴史」の本である。昭和の歴史を一言で言えば、日本が世界の一流国、そして世界一を目指した歴史と言えるだろう。

太平洋戦争前もそうであった。明治は日本が西洋国家に、国として認められることが求められた。

しかし、昭和に入ると、日本はすでに日露戦争にも勝利し、次の目指すものは世界の一流国、あるいは世界一だった。

結局、戦争はアメリカの圧倒的な経済力の前に負けてしまったが、日本人の魂は死んではいなかった。

日本人は、アメリカに匹敵する経済力を身につけようと必死になって頑張った。産業界はもちろん、各ジャンルでも同じだった。

産業では自動車産業のトヨタやホンダが生まれた。電機産業では松下電器やソニーが生まれている。そして、芸術や研究の世界ではノーベル賞を目指して、多くの人たちが切磋琢磨し、漫画やアニメでは世界をはるかに凌駕した。

さらに、スポーツでは、オリンピックで金メダルを目指し、プロ野球の王貞治選手は本塁打の世界新記録を作った。

昭和の人々は常に、世界を意識し、世界に冠たる日本をつくろうとした。その歴史が日本と日本人の歴史であると思う。

平成になって、日本人は弱くなったと言われる。そのとおりだと思う。戦後を必死に生きのびてきた人は逞しかった。

それ以上に、平成になって、バブルを経験し、世界一になることの意味を日本人は失ってしまった。世界一になったとしても、首都圏では住むところも買えない。そんな世界一に何の意味があるのか。それが平成の時代だった。

だから、平成の時代はキリキリする緊張感のない時代だった。ただただ失われた30年を過ごしただけだ。

今は令和の時代である。昭和と平成を生きた者たちが多くいる。昭和の世界一を目指した時代と、そんなことはどうでもよくなった時代を生きてきている。次に何を目標にしていくのか。本当に問われている時代になっているのだろう。

そのためには、もう一度、キリキリした時代を見つめてほしい。そんな、昭和の100の歴史を集めた。そこには、限りない遺産があるはずだ。

別冊宝島編集部

# 知れば知るほど感動する
# 昭和の歴史 100

## 第二章 昭和10年～昭和19年

## 第三章　昭和20年〜昭和29年

## 第四章 昭和30年〜昭和39年

## 第五章 昭和40年〜昭和49年

## 第六章 昭和50年〜昭和59年

## 第七章 昭和60年～昭和64年

# 第一章

# 昭和元年（1926）〜昭和9年（1934）

【主な出来事】

1927(昭和2)年　金融恐慌、モラトリアム施行。第一次山東出兵
1928(昭和3)年　第二次山東出兵
1930(昭和5)年　金輸出解禁。ロンドン軍縮条約締結
1931(昭和6)年　満州事変。金輸出再禁止
1932(昭和7)年　上海事変。五・一五事件
1933(昭和8)年　国際連盟脱退

歴史

1

# 昭和始まる

## 誰よりも心優しい天皇だった大正天皇崩御

昭和元（1926）年
12月25日

12月25日、47歳で大正天皇が崩御する。幼いころから病弱だった大正天皇。特に天皇に即位したあたりから、プレッシャーで、より病状は進んだ。1921（大正10）年7月には塩原御用邸でのご静養中、侍従に抱きかかえられてやっと歩ける状態だった。

このころから皇太子・裕仁親王の摂政設置が討議されるようになる。11月になると天皇の症状はさらに悪化し十分な意思疎通も難しくなってきた。そのような状況を受けて11月25日、皇室会議と枢密院で摂政設置が決議され、裕仁親王が摂政に就任した。

その後の大正天皇は状態も安定、夏には日光、他の季節は沼津や葉山に長期滞在し、治療に専念している。日課として散歩に行ったり、具合のいい日は侍従や女官たちとビリヤードや雑談をしたりして過ごした。

しかし、１９２４年、再び大正天皇は1月の裕仁親王の婚礼の饗宴にも出席できず、翌年５月の自らの銀婚式も非公式な祝賀を受けただけにとどまった。そして12月19日、トイレで脳貧血を起こし倒れた。

この時は回復したが、翌１９２６年になると、５月に再び脳貧血を起こす。天皇は車椅子に座ったままで葉山御用邸へ移住した。11月19日からは、２日おきに宮内省が天皇陛下の御病状を発表するようになり、国民による平癒祈願が全国に広まった。皇居の二重橋前には病気回復を祈る国民の姿が見られるようにもなっていった。

しかし、12月25日、大正天皇が崩御する。多くの国民はショックを受けた。次の天皇は26歳の摂政の皇太子裕仁親王。新元号は「昭和」と発表された。昭和は中国の『書経』の「堯天」にある「百姓昭明、万邦協和」からとったものだった。

大正天皇の大喪は明けて１９２７年2月7日から8日にかけて新宿御苑を中心

葬儀の出発が迫った皇居前（写真：アフロ）

に「葬場殿の儀」が行われた。当日の葬列は6千人、皇居から新宿御苑まで6㎞にも及んだ。そして陛下の遺体は多摩陵に運ばれた。

大正天皇は、常日ごろから、侍従に対しても女官に対しても、誰よりも温かく、心が優しい人だったという。多くの国民も陛下を偲んだ。一般公開された新宿御苑の葬場殿には約1カ月で延べ250万人、多摩陵には90万人もの国民が参拝したという。

歴史

2

昭和２（1927）年

3月18日

# 「ミス・アメリカ」人形登場

## 日米友好の親善大使は青い目の人形

この当時、アメリカでは日本人の排斥運動が活発になっていた。１９２４（大正13）年には議会で排日移民法が可決されていた。

しかし、この状況を快く思っていないアメリカ人も多くいた。その一人が同志社大学神学部の教授も務めた68歳のシドニー・ギューリックであった。彼は同志社大学の教授を務める前には松山女学校で英語を教えていた。

その学校には、経済的理由で上級学校へ進めない女子学生たちがいた。彼はその女子学生のために英語だけでなく、天文学や社会学、進化論なども教えた。彼は、そのころから素直に授業を聞いて感謝を忘れない日本人に好感を持っていた。

１９１３年6月、同志社の教授を辞して、アメリカに戻ると、彼はカルフォルニアで勃発した激しい日本人排斥運動に遭遇する。これに彼は危機感を覚えた。

排斥運動をしている人たちは本当の日本人を知らない。彼はすぐに行動に移した。ロビー活動をして、その広がりを抑えようとした。一時はその活動がうまくいっていたが、排斥運動は再度広がりを見せ、前述のごとく1924年に排日移民法が成立してしまう。ギューリックはこれに対して法律破棄の活動を始めるが、逆に反発がひどくなった。そのために、彼は政治的活動を一時ストップする。

しかし、彼はあきらめたわけではない。政治的活動はしないが、日米交流で日米の友好を図ろうとした。そして企画されたのが、全米から人形を集めて日本に贈ることだった。日本人のために人形を贈る。その行為が親睦を深めると考えた。日本人は初めて見る米国からの人形に興味を持ってくれると信じた。

3月18日、横浜の桟橋に停泊する客船天洋丸の艦上で青い目の人形の歓迎会が開かれた。そこには「ミス・アメリカ」からの人形もあった。総数で1万2739体。それは日本全国の小学校に配られた。

そして、日本からも返礼の人形がアメリカに贈られた。これらの人形を見たアメリカの子どもも、そして大人も、日本人形の素晴らしさに感動したという。

歴史
3

# 当局が百度解散させれば、我々は百度結党する
# 第一回男子普通選挙

昭和3（1928）年
2月20日

第一回男子普通選挙が行われた。それまでの選挙では国税を3円以上納めている男子だけが選挙権を行使できたのだったが、この選挙では25歳以上の男子すべてに選挙権を与えることになった。そのため有権者数はいままでの4倍、１２４１万人にまで達した。

これは政府にとって恐怖であった。急速に支持が伸びているのは無産政党であり。新しく選挙権を持った９００万人の有権者の多くは労働者であった。

政府が弾圧を加えたのは、特に労働農民党の委員長・大山郁夫であった。彼は、田中義一内閣の大蔵大臣だった三土忠造と同じ香川県から立候補した。もちろん、官憲の激しい選挙干渉に遭った。選挙演説をやっているところを止めるのは当たり前。選挙ビラを撒いていれば拘束する。警棒で殴る。このような妨害の中、大

山は惜しくも次点で敗北する。選挙の結果は466議席中、政友会が217、民政党が216、無産政党は社会大衆党が4、労働農民党は2であった。他に労働農民党から分裂した日本労働党とその他が1議席ずつ獲得している。

ただし、政府の弾圧はここで終わったわけではない。大山郁夫の落選報告会に参加しようとした弁士が多数拘束されるなど徹底した弾圧が続いた。さらに1928年4月11日、山陰地方遊説の帰路、同党代議士・水谷長三郎とともに東京駅に到着したところ、ホーム上で右翼に囲まれて殴打され負傷する事件も発生した。

この時、大山を警護していた警察官は暴徒を止めないばかりか、労働農民党の2人を、ビラを撒いた容疑で拘束している。

政府にとって無産政党が議席を取ったこと自体が危機だった。危機感を抱いた政府は、同年3月「3・15事件」で共産党関係者を1568人も大量検挙をしただけでなく、4月10日に労働農民党ほか2団体に結社禁止処分を下し、解散に追い込んだ。この解散処分を受けて、労働農民党の書記長だった細迫兼光《ほそさこかねみつ》は、こう新聞記者に叫んだ。「当局が百度解散させれば、我々は百度結党するまでだ」

歴史
4

# アムステルダム五輪
## 女子800m、人見絹枝が壮絶な銀

昭和３（1928）年
２月20日

アムステルダム五輪の陸上競技では日本人女性が初めて出場した。それが人見《ひとみ》絹枝《きぬえ》である。加えて彼女は初めて日本女子として銀メダルを獲得した。

この時、彼女は１００ｍ、８００ｍ、円盤投げ、走高跳の陸上競技女子４種目のすべてに登録していた。特に彼女がメダルを狙っていたのは１００ｍであった。しかし、１００ｍ予選はトップで通過したが、準決勝が12秒８で４着、決勝進出はならなかった。

８００ｍの予選は１００ｍの準決勝の翌日だった。タイムは２分26秒２。予選は通過した。そして翌日の８００ｍ。彼女は必死だった。必勝を期していた１００ｍでは決勝にさえ進めなかった。登録しているとはいえ、円盤投げと走高跳の勝算はまったくない。８００ｍに懸けるしかない。

といっても、人見の専門は100mと幅飛び、800mは走ったことがない。コーチは心配して声をかけた「走れるか」。人見は答えた「700mのつもりで走ります」。コーチはそれを聞いて「あとの100はどうするんだ」。人見は言った。「私は100mが専門です。あとの100は体が反応してくれるはずです」。

決勝の800mがスタートした。そして700mが過ぎた。ここからが勝負だ。人見はぐんぐんスピードを上げていった。3位を抜き、2位を抜いた。トップの選手はドイツのラトケ。すぐ目の前にいる。ラストスパートをかけた。もうすぐだ。抜いたかと思った瞬間、人見の意識はとんでしまった。

気がつくと、目の前のポールと3つの旗が目に入った。真ん中にドイツ。その両側にスウェーデンと日の丸がはためいていた。「あっ」と思った。そばにコーチがいた。「あれは君が揚げた日の丸だよ」。銀の旗だった。頬が静かに濡れた。

この日の800mは壮絶なレースであった。出場したすべての選手がゴール後、意識を失った。そのため、危険だとして、次の大会からは800mの競技が外されたほどだった。誇れる銀メダルだった。

歴史

5

## 『東京行進曲』発売

変えられた歌詞の赤い秘密

昭和4（1929）年
5月1日

映画とのコラボで大ヒットした主題歌の『東京行進曲』。もともとは菊池寛の大衆雑誌『キング』に載せた同名の小説を映画化したもの。資産家と腹違いの姉妹の悲恋がテーマの作品だった。

映画はそれほどヒットしなかったが、曲は大ヒットした。この曲は映画タイアップの主題歌の第一号といわれている。メディアがマルチ展開した最初の作品であった。作詞は西條八十、作曲は中山晋平、佐藤千夜子《ちやこ》が歌った。

この歌の4番のもともとの歌詞は「長い髪してマルクスボーイ、きょうも抱える『赤い恋』」だった。これは作詞家・西城八十のひめたる思いを描いたもの。しかし、レコード会社が治安当局に配慮して、歌詞を変えるよう西条にお願いした。西条はしぶしぶ書き換えた。

そして、できたのが「シネマ見ましょかお茶のみましょか　いっそ小田急（おだきゅ）で逃げましょか」という歌詞だった。この「小田急（おだきゅ）る」という言葉が大流行する。これが、この曲の狙いでもあった。日活宣伝部長の樋口正美の要望は菊池寛の小説と内容は関係なくてもいいが、流行性のある曲にしてくれということだった。まさしく流行を生み出した。

しかし、当時の小田急の正式名称は「小田原急行鉄道」であった。この「小田急（おだきゅ）」に、小田原急行鉄道がクレームを入れた。小田急の重役がレコード会社に「『東京行進曲』の製作責任者を出せ！」と怒鳴り込んできたのだ。〝社名の正式名称を略されたうえに「駆け落ち電車」とはなにごとだ〟ということだった。

治安当局の代わりに鉄道会社が抗議に来るという、笑うに笑えない話だった。最終的には、その後、小田原急行鉄道が社名を正式に小田急電鉄に改称することになって、この件は終わりになった。逆に、「会社の宣伝になった」ということで、西條には小田急電鉄から終身有効の「優待乗車証」が支給されたという。

歴史
6

# 河本大作を処分できないのであれば辞職せよ
# 田中儀一内閣、無念の総辞職

昭和4（1929）年
7月2日

１９２８年６月４日に発生した張作霖《ちょうさくりん》事件は関東軍の河本大作《こうもとだいさく》参謀による謀略であった。関東軍は満州を地盤にしていた奉天派と呼ばれる軍閥の張作霖を排除しようと謀った。

そのために奉天郊外で張作霖の乗る列車を爆破し、それを蒋介石《しょうかいせき》の国民革命軍による仕業に見せかけたのだ。そして、その間に関東軍を派遣して満州を乗っ取ろうとした。

しかし、最後の段階で、関東軍は出動の機会を得られず失敗に終わる。日本政府もこれを封印し、国民には「満州某重大事件」とだけ発表しお茶をにごそうとした。

だが、それもうまくいかなかった。張作霖事件が国際的に日本の謀略であることが疑われたため、政府と軍部は河本の単独犯行であると認め、ひそかに河本を退役させたのだ。

しかし、国際信用を重視する昭和天皇は、河本を軍法会議にかけるよう首相の田中儀一に下問した。田中は陛下に対して、軍法会議にかけることを約束した。そして、軍部にその旨を伝えた。だが、河本は逆に軍部と政府に圧力をかけてきた。「もし、軍法会議にかけるのであれば、すべてを明らかにする」と、そして、「軍部と政府の関与も明らかにする」と脅迫してきたのだ。

これには、軍部は何も言えなくなってしまった。どこかで軍部が関与していたのだろう。軍部はこれ以上、河本を攻めることができなくなった。

田中は苦悩した。このままでは陛下の意思に背くことになる。しかし、軍法会議にかければ、関東軍が勝手にやったこととはいえ、国際的に日本が窮地に陥る。どちらをとるか……。

苦悩の結果、やむなく、田中は陛下に河本を軍法会議にかけられないことを報告した。理由は軍部が「関東軍は張作霖事件とは関係ない」と言っているとだけ述べた。しかし、これに陛下はお怒りになった。それが嘘であることを見抜いていた。なおかつ、約束が違う。陛下は田中に、「張作霖事件犯人、河本大作を処分できないのであれば辞職せよ」と迫ったのだ。

田中は、これ以上何もできなかった。悔しい思いもあった。張作霖事件は、関東軍が独走してやったものだ。軍部はそれを黙認していたのだろう。しかし、政府はそれを知っていたわけではない。だが、それを口に出すことはできない。陛下の前でも、国民の前でも、国際的にもそうであった。

## 田中は総辞職後、2カ月でなくなった

残された道は辞職しかなかった。内閣は総辞職。そして、田中は沈黙を守ったまま2カ月後になくなった。享年65。死因は急性の狭心症であった。

陛下はその訃報を聞くと、黙り込んだ。田中への叱責が彼を死に追い込んでしまった。忸怩《じくじ》たる思いに駆られた。それ以降、昭和天皇は政府の方針に不満があってもいっさい口に出すことはなかった。

歴史 7

# 帝都復興なる！

## 近代都市に生まれ変わった首都

昭和5（1930）年3月24日

この日、浅草から日本橋の沿道は100万人近い群衆で埋め尽くされた。道路は美しく整備され、その中を天皇と安達謙蔵内務大臣らを乗せた車が巡幸していった。帝都復興祭が始まった。東京は夜になるとイルミネーションと提灯《ちょうちん》の灯りで照らされ、浅草寺も回廊式の鉄骨鉄筋コンクリート造りに生まれ変わった。

そして、天皇の巡幸から2日後には帝都復興完成式典が盛大に行われた。関東大震災で瓦礫の山となった東京は西洋的な近代都市に変貌した。

大震災から6年半が経過していた。大震災は東京を破壊尽くした。東京の約44パーセントが焦土と化した。この帝都復興を計画したのが後藤新平であった。政府は帝都復興院を創設し、総裁に東京市長だった後藤を据えた。

後藤は壮大な計画を立てた。パリのような碁盤の目に整備された東京を計画した。総予算13億円。国家予算の一年分だった。

これに対しては財界や政友会から猛反発が起きた。さらに、後藤が総裁になった帝都復興院の中でも積極派と消極派に分かれて大論争が行われた。結局、予算は3分の1近くの5億7500万円と大幅に削られてしまった。

それでも、土地の区画整理、道路、鉄橋、公園の整備が行われ、上下水道の改良も進められた。そして、現在も主要幹線になっている南北に伸びる昭和通り、東西に伸びる靖国通り、環状線の明治通りなどが作られている。現在の主要幹線の基礎は後藤が作ったと言っても過言ではない。

さらに、後藤はインフラ整備だけではなく、破壊された地域を復興すべく小学校を中核とする地域コミュニティーの再編も進めた。

だが、帝都復興をすすめた後藤だったが、帝都復興祭を見ることはなかった。後藤新平は前年4月13日に亡くなっている。その9日まえ、岡山に向かう急行列車の中で泡を吹いて倒れた。3度目の脳溢血だった。病院へ救急搬送されたが、治療の甲斐なく息をひきとった。享年71。

歴史 8

# 「男子の本懐」浜口雄幸首相銃撃さる!

昭和5(1930)年11月14日

いまでも東京駅に行くと見ることができる。浜口雄幸《はまぐちおさち》が襲撃された場所だ。壁にはめ込まれた「浜口首相遭難現場」のボードと丸いマークで駅の床に記されている。

浜口は岡山で行われている陸軍大演習に向かう列車に乗るために第4プラットフォームを歩いていた。彼が乗る車両は午前9時発の特急「つばめ」であった。その時である。突然、久留米絣の着物を着た男が浜口の前に飛び出した。男は右翼団体愛国社の佐郷屋留雄《さごうやとめお》であった。当時23歳、彼は至近距離から浜口に発砲した。弾丸は浜口のへその下に命中した。浜口は「大丈夫だ」と周りに声をかけたが、弾丸は骨盤を貫いていた。意識がはっきりしていた浜口だったが、倒れかかって周囲に抱きかかえられた。そしてそのまま貴賓室に運び込まれた。

ちょうどその時、構内に幣原《しではら》喜重郎外相がいた。彼はソ連に向かう新任の駐ソ大使広田弘毅の見送りに来ていた。事件に気がついた幣原は、すぐさま貴賓室に駆けつけた。浜口は幣原を見ると、表情を歪めながらも一言言った。「男子の本懐だ！」。このとき、浜口は帝大病院に移され、一命はとりとめている。

犯人はすぐその場で取り押さえられた。彼は、犯行動機として、金解禁政策による深刻な不景気をあげた。さらにロンドン海軍軍縮条約で政府が統帥権の干犯をしたからだと言った。しかし、「統帥権の干犯とは何だ」という警察の追及には、答えられなかったという。

一命をとりとめた浜口だったが、容体は良くなかった。入院中は幣原外相が臨時に首相代理を務めた。翌年、浜口が退院すると、野党・政友会から執拗な登壇要求を迫られた。無理して登壇した浜口だったが、それ以上無理はできなかった。

浜口は再度入院し、首相を辞任することになった。そして、１９３１年８月26日、容体は悪化。最後はアクチノミコーゼ（放線菌症）で亡くなった。銃撃の傷が元だった。享年61。まだまだ、これからの死だった。

歴史
9

# 『マダムと女房』、田中絹代が出演
# 日本初の本格トーキー

昭和6（1931）年
8月1日

1931年8月1日、『マダムと女房』が大公開。主演は渡辺篤と田中絹代。日本初の本格的トーキーだ！

ストーリーは、渡辺演じる劇作家の芝野新作と田中絹代演じるその女房、そして隣人のモダンなマダムをめぐる物語。

笑いあり、嫉妬あり、家族愛あり、涙ありのホームドラマ系のエンターテイメントであった。

本格的トーキーを意識して、全編にラジオの音声や猫の鳴き声、目覚まし時計の鳴る音など日常の音が入っている。劇作家の芦野が隣人の家に行くのも、隣人の流すジャズの音がうるさくて、仕事がはかどらずに怒鳴り込むのがきっかけだ。

そして、芦野は伊達里子が演じる美しくモダンなマダムに出会う。

さらに、美しくモダンなマダムに出会った芦野は『ブロードウェイ・メロディー』を口ずさみながら上機嫌で帰宅した。ここでも音が意識的に使われている。その姿を見た女房の絹代は嫉妬して、あえてミシンの音を立て始めるのだ。

そして、ラストシーンでは住宅の新築工事の音や、空飛ぶ飛行機の音が流れる中、家族そろって百貨店から家路に向かうところで終わる。そこでもマダムの家から『私の青空』が流れ、一家は歌を口ずさみながら帰る。

さりげなく、それでいて意識的に音を随所に盛り込んでいた。そのために、全編同時録音で撮影され、カットの切れ目で音が切れぬよう、３台のカメラを同時に回して撮影された。

映画は秀作だった。この年のキネマ旬報ベストテンで第一位にランクインされている。

さらに、ＮＨＫプレミアムで寅さんシリーズの山田洋次監督が選んだ、「日本の名作１００本」の一本にもなっている。いまでもほのぼのと見られる作品である。

歴史 10

# 日本初のダービー開催

## 「東京優駿大競走」、勝者大本命

昭和7（1932）年4月24日

1932年4月24日、日本初のダービーが開催された。

東京競馬倶楽部は競馬界の業態改善の一端として、1930年4月、「東京優駿大競走」の開催を発表した。優勝賞金は1万円。いまでいえば3000万円ほど。かなりの高額であった。

全国から168頭（牡馬92頭・牝馬76頭）もの申し込みがあり、最終的には19頭に絞られた。

圧倒的な一番人気は下総御料牧場産のワカタカ。4月上旬の目黒競馬場の2000mで初勝利を収めていた。

二番人気は牝馬のアサザクラ、3月の中山競馬場でのレコード勝ち。三番人気は関西から来たワコー。

当日の天候はあいにくの雨、会場は目黒競馬場。距離は右回りで1周１６００ｍを1周半回る２４００ｍ。

第2コーナーからいっせいにスタートした。スタートした直後に内枠からワコーが飛び出した。後続を2馬身リード。最初の第4コーナーを回ると、２番手からワカタカが外を回って先頭に出た。

しかし、六番人気のアサハギが追いついてきた。ワカタカとアサハギが先頭を争い、その後をワコー、九番人気のレイコウが追う展開。

レースは2度目の第3コーナーを回った。ここでワカタカがスパート、最終の第4コーナーを回るころには2番手のアサハギ・ワコーに5馬身差、そのまま直線でも後続の追走を許さず先頭でゴール。２着には後方から内側を通って追い込んだ六番人気のオオツカヤマ。４馬身差だった。そして、アサハギが遅れること3と2分の1馬身差で3着だった。

この日の入場者数は９３５１人、馬券の売り上げは9万９０８０円、馬券は一枚20円だった。単勝払い戻しは39円。初のダービーは大成功だった。

歴史 11

## 愛馬ウラヌスと勝ちとったメダル
# ロス五輪で西竹一が馬術で金

昭和7（1932）年
8月14日

昭和7年に開催されたロサンゼルス五輪では日本水泳陣が大活躍した。男子競泳6種目のうち400m自由形を除く5種目で優勝。100m背泳ぎでは金・銀・銅3つのメダルを独占した。女子200mでは前畑秀子が第2位になっている。当地の新聞には「アメリカの頭痛のタネは、満州侵略より水泳陣の強さだ」と書かれるほどだった。

そして、もう一つの注目は馬術競技の西竹一《にしたけいち》中尉と愛馬ウラヌスだった。西は陸軍の騎兵隊に属していた。

8月14日、西とウラヌスは閉会式会場で開催される最終種目「大賞典障害飛越競技」に登場した。この競技は馬術競技の中でも最も高度で、華やかなものとされ、「五輪の華」ともいわれていた。

この日の障害は非常に難度の高いものであった。コースは、スタジアムを縦横に使っての全長１０５０ｍ。柵や水濠の障害は大小19も並べられ、最も高い障害の高さは１・６ｍもあった。

そこを11頭の馬が飛び越えていく。しかし、完走できたのはたった5頭、そして、１・６ｍの障害を華麗に飛び越えた西のウラヌスが金メダルを獲得した。

レースの途中、ウラヌスは１・６ｍの障害の前でいったんストップした。ダメか。観衆からため息が漏れた。だが、西とウラヌスは素早く反転すると、馬首を障害に向け一気に駆け出し華麗に飛び越えてた。観衆は総立ちとなり拍手が沸き起こった。

ロマヌスと西の出会いは、ロサンゼルス大会の2年前にさかのぼる。当時、西はオリンピックの候補選手に選ばれたばかりだった。最年少の27歳の選手だった。

馬術競技で勝つためには、自らの騎乗技術だけでは無理である。いいパートナーの馬に出会えるかどうかが勝敗を決する。

## ウラヌスとの出会い

西は、恩師である今村少佐がイタリア留学中に出会った馬の話を少佐から聞いた。その馬は大柄で荒々しく、イタリア陸軍の騎兵中尉が所有していたが、あまりのじゃじゃ馬ゆえにもてあましていた。

それを聞いた西は、ピンときた。西はすぐにイタリアに飛んだ。ひと目見てその馬に惚れ込んだ。２０００円というかなりの高額だったが自費で購入した。いまでいえば２０００万円ほど。そして、天王星を意味するウラヌスと名づけた。額に星印の模様があったところからつけた名前だった。

この馬はアングロノルマン種の巨大な馬であった。体高が１８１㎝もあり、いまのサラブレッドと比べても大きな馬だった。そして、気性が激しく、なかなか西の思うとおりに調教できなかった。

それでも、西はこのウラヌスとともに、ヨーロッパ各地の障害競走に出走し、数々の好成績を残した。じゃじゃ馬だったが、それでも西の言うことだけは聞くようになっていった。

## 終わった騎馬の時代

時は流れ、１９４４年６月、西竹一は任務地である硫黄島に向かった。ロサンゼルス五輪後の西は栄光とはかけ離れた人生を送っていた。１９３６年のベルリン五輪に出た西とウラヌスだったが、この時の成績は芳しくなかった。

世界の情勢は大きく変わっていた。戦争の花形だった騎馬の時代は終わり、戦車にとってかわられていた。西も騎兵から戦車隊に任務が変わっていた。ウラヌスとも離れ離れになった。

元ＪＯＣの会長であった竹田恒和の父で、馬術選手としてオリンピックをめざしたこともある竹田恒徳は西に会った時のことを『馬よもやま話』に書いている

「馬はまったく必要がなくなったとはいえ、西さんは拍車と鞭を最後まで手離さなかったし、愛馬ウラヌス号のたてがみの切れ端を肌身離さずポケットに入れていた。いかに馬を、ウラヌス号を愛しておられたかがよくわかった」

## 西の足音を聞いて狂喜したウラヌス

実は、硫黄島に渡った西は44年8月にいったん戦車補充のために東京に戻り、馬事公苑で余生を過ごしていたウラヌスに会っている。ウラヌスは西の足音を聞いて狂喜した。そして、西に首を摺り寄せ、愛咬をした。

しかし、これが西とウラヌスの最後の別れになった。

硫黄島に戻った西を待っていたのは米軍による雨のような艦砲射撃だった。島は地獄と化した。西は最後までよく戦った。米軍の兵士は、地下壕で戦い続ける西の愛称を呼んで、「バロン西、出てきなさい」と呼びかけという。彼はロサンゼルス五輪での西の雄姿を憶えていた。西は、最後、兵200名を率いて米軍に突撃したという。顔面の半分に包帯を巻いて突撃し、米軍の掃射銃で倒れたという。しかし、本当の最後はわかっていない。

愛馬ウラヌスは西が死んで1週間後に、陸軍獣医学校で息を引き取った。まるで西の後を追うかのようだったという。

歴史

12

## 忠犬ハチ公の銅像が完成

死んだ主人を待ちつづけたハチ

昭和９（１９３４）年４月21日

１９３４年４月21日午後１時、渋谷の駅前は多くの少年少女、そして乗降客で埋まった。忠犬ハチ公の銅像の除幕式だった。

銅像の周りには多くの花が飾られ、駅にはハチ公の記念スタンプが置かれ、周辺のお店ではハチ公せんべいが売られた。式場では、渋谷駅長の挨拶のあと、上野英三郎東大教授の孫娘によって幕が取り払われた。ハチ公の銅像が目の前に現れると、多くの観客からの拍手とともにどよめきが響き渡った。

ただし、この時、ハチ公はまだ生存していた。ハチ公自身も除幕式に立ち会っている。ハチ公は自分の銅像をどう見たのだろうか。きっとハチ公は自分の銅像より、慕っていた「父ちゃん」である上野英三郎に会いたかったに違いない。

東京帝国大学の教授であった上野は、現在は松濤と名を変えた渋谷町大向《おおむかい》に住んでいた。上野は大の犬好きで、３匹の犬を飼っていた。そのうちの一匹がハチである。ハチはいつも「父ちゃん」である上野の送り迎えをしていた。時には最寄り駅である渋谷の駅に一緒に行った。そして帰ってくる時間を見計らって駅まで迎えに行った。上野がハチを飼い始めて1年余りがたった１９２５年5月21日だった。上野は農学部の教授会の後に脳溢血で倒れてしまう。そして急死する。ハチはこのことを知らなかった。亡くなった当日も他の二匹と一緒に上野を迎えに行った。しかし、上野は帰ってこなかった。

それからである。ハチは毎日、渋谷に上野を迎えに行った。帰ってこなくても帰ってこなくても迎えに行った。ハチは「父ちゃん」が大好きだった。

そのことを知った渋谷の駅長は、新聞記者にハチのいきさつを語った。１９３2年、それが記事となった。それからハチは「忠犬ハチ公」と呼ばれ大人気になった。報国の時代の忠犬として称えられたのだ。

銅像が立った1年後、ハチは死んだ。「父ちゃん」は、きっと虹の橋の下で立っていただろう。そして、「今度は父ちゃんが待っていたよ」と言っただろう。

歴史 13

空調設備を完備した最先端の日本製特急

# 満鉄あじあ号運転開始

昭和9（1934）年
11月1日

午前9時、南満州鉄道（満鉄）の特急「あじあ号」は大連を出発した。途中、大石橋、奉天、四平街に停車して、午後5時20分、新京に到着した。8時間20分の旅だった。

距離にして701・4㎞、平均時速82・5㎞で走った。当時、世界でも最先端といえる満鉄のあじあ号、誰もが憧れ、一度は乗ってみたいと思った特急だ。

列車は流線形のパシナ型蒸気機関車と専用固定編成の豪華客車で構成されていた。パシナ型とはパシフィック7型の略称のこと。列車の全長は25・67m、動輪の直径は2mもあった。そのほとんどすべてが日本の技術によって設計・製作されており、当時の日本の鉄道技術の高さを示していた。

流線型の機関車に続く車両は、1等、2等、3等客車と食堂車、そして郵便荷物車、さらには1等展望車がついた7両編成だった。

定員は276名、緑色の客車に白い線をひいたシンプルな外装、最後尾の展望車後部には、太陽の光をモチーフにし、「亜細亜（アジア）」の「亜」を図案化したシンボルマークが掲げられていた。さらに、欧米先進国の特急列車と比べても優れた設備を備えており、そのころの日本の内地でも珍しい空調設備も整えられている。

設計責任者は吉野信太郎。彼は、アメリカの機関車メーカーであるアメリカン・ロコモティブ社に2年半留学し、「キング・オブ・ロコモティブ」ともいわれた人物。あじあ号をはじめ、満鉄機関車のほとんどを手がけた。

あじあ号は、製造計画から1年余りの急ピッチで完成された。拡大する満州国の輸送力アップも期待された。満鉄と日本の威信をかけた特急であった。

このあじあ号について、元満鉄会専務理事の天野博之は「あじあ号が今に至るまで私たちの心を引きつけてやまないのは、当時、日本人が誇ることができる数少ないものの一つであったからではないでしょうか」と語っている。日本人の夢を乗せた特急であった。

満鉄あじあ号（写真：アフロ）

# 第二章

# 昭和10年（1935）〜昭和19年（1944）

【主な出来事】

| | |
|---|---|
| 1936(昭和11)年 | 二・二六事件、日独防共協定締結 |
| 1937(昭和12)年 | 盧溝橋事件、日中戦争始まる |
| 1938(昭和13)年 | 国家総動員法成立 |
| 1939(昭和14)年 | ノモンハン事件 |
| 1940(昭和15)年 | 日独伊三国軍事同盟締結、仏領インドシナ北部に進駐 |
| 1941(昭和16)年 | 真珠湾攻撃、太平洋戦争始まる |

歴史 14

# 天皇機関説

## 美濃部達吉、命を懸けた反論

昭和10（1935）年 2月25日

2月25日、美濃部達吉は貴族院において、天皇機関説の排撃に対して命を懸けて反論した。

「去る2月19日の本会議におきまして、菊池男爵その他の方から私の著書につきましてご発言がありましたにつき、ここに一言一身上の弁明を試むるのやむを得ざるに至りました事は、私の深く遺憾とするところであります。（中略）

今会議において、再び私の著書をあげて明白な叛逆思想であると言われ、謀叛人であると言われました。また学匪《がくひ》であると断言せられたのであります。日本臣民にとり、叛逆者、謀叛人と言わるるのはこの上なき侮辱であります。（中略）

いわゆる機関説と申しまするは、国家それ自身を一つの生命であり、それ自身に目的を有する恒久的の団体、即ち法律学上の言葉を以て申せば、一つの法人と観念といたしまして、天皇は法人たる国家の元首たる地位にありまして、国家を代表して国家の一切の権利を総攬し給い、天皇が憲法に従って行われる行為が、即ち国家の行為たる効力を生ずるということを現わすものであります」（一部）

美濃部は、天皇の大権は、天皇個人のものではなく、国家の元首として国の属性として持っているものであると説明した。絶対君主制ではない、立憲君主制においては、まったくそのとおりの説明である。

しかし、天皇を現人神《あらひとがみ》と崇めたい軍部や右翼は、これを許せなかった。現在の天皇を個人として崇拝しなければ、神にはなりえない。昭和天皇も天皇が機関であることは分かっていたが、田中儀一の際の教訓もあり沈黙せざるを得なかった。

美濃部の国会での最後の演説を、他の議員は沈黙をもって応えた。多くの議員も美濃部が正しいとわかっていた。しかし、口に出せば軍部や右翼から攻撃される。沈黙せざるをえなかった。まだ、生々しく浜口への銃撃の記憶が残っていた。

実際、美濃部は翌年2月、右翼に銃撃され重傷を負っている。しかし、いまだに犯人は見つかっていない。

歴史
15

# 二・二六事件
## 陰謀論に操られた悲劇の連鎖

昭和11（1936）年
2月26日

1929年ニューヨーク・ウォール街の株の大暴落から起こった世界恐慌は、1930年代の日本にも経済危機を引き起こしていた。さらに、東北地方では凶作が続き、多くの人々が飢餓に苦しんでいた。

そのような状況のなか、田中儀一内閣の総辞職が起こった。原因は張作霖事件であったが、国民はその内実まで知らされていなかった。そのころ起こったのが「重臣ブロック」という言葉である。

「重臣ブロック」とは、今でいうディープステートのこと、陰謀論である。田中内閣が総辞職させられたのは、昭和天皇の重臣たちが画策して彼を追い詰めたからだと、まことしやかに説明された。

この「重臣ブロック」に躍らされたのが二・二六事件で決起した青年将校であ

る。彼らの多くが東北農民出身の皇道派であった。東北の苦しむ農民たちを救えないのは、政府が間違った経済政策で国の富をなくしたせいだとした。そして、陛下の重臣たちが経済政策を私利私欲のために使ったためとしたのだ。

さらに、軍事予算の縮小も政府の重臣たちによる亡国につながる政策とされたのだ。彼らは「重臣ブロック」たる君側の奸《かん》を排除しなければいけないと二・二六の昭和維新に決起した。そして、斉藤実内大臣、高橋是清大蔵大臣、渡辺錠太郎陸軍教育総監を殺し、鈴木貫太郎侍従長に重傷を負わせた。

しかし、「重臣ブロック」など、どこかの陰謀論者が考えた妄想にすぎなかった。そんなものはどこにも存在しなかった。陛下の周りにいるのは忠臣の人物だけであった。青年将校による重臣たちの暗殺に、陛下は激怒した。「朕《ちん》自ら近衛師団を率い、此《これ》が鎮圧に当らん」とまで言ったのだ。そして、青年将校たちのクーデターは鎮圧された。

昭和維新に立ち上がった青年将校たちは、陰謀論に操られた単に悲劇のピエロにすぎなくなったのだ。

歴史 16

## 「前畑ガンバレ」の絶叫アナウンス
# ベルリン五輪

昭和11（1936）年
8月11日

8月1日から16日にかけて行われたベルリン五輪。ヒトラーのナチスが威信をかけて行ったオリンピックであった。

ナチスは「世界の若人を呼ぶ」と豪語しただけあって、世界49カ国、4000人のアスリートが集まった。日本からも162人の選手が参加した。

競技11日目、200m平泳ぎの決勝に出場したのが前畑秀子だ。彼女は前回のオリンピックで2位に入っている。欲しいのは金メダルだけだ。この決勝では、いまだに語り継がれる河西三省《かさいさんせい》アナウンサーの実況中継がある。

「あと25、あと25、あと25。わずか25、わずか25、わずか25、前畑がんばれ。がんばれ、がんばれ。ゲネンゲルが出ております。がんばれ、がんばれ。がんばれ、がんばれ。がんばれ。

前畑リード。前畑リード。前畑リードしております。前畑がんばれ。前畑がんばれ。前畑リード、リード。前畑5メーター、あと5メーター、あと5メーター、5メーター、5メーター、前畑リード。勝った、勝った、勝った。勝った。勝った、前畑が勝った前畑勝ちました。前畑勝ちました。前畑勝ちました。前畑が優勝です。前畑優勝です。ほんのわずか、ほんのわずかでありました。前畑優勝。前畑優勝」

この当時は、テレビはない。いまでこそ、前畑秀子とゲネンゲルのデッドヒートを録画映像で見ることができるが、当時の人々はラジオを聞いていた。

なおかつ、このベルリンオリンピックは実況生放送だった。ラジオの前に座った日本人は、この言葉を聞きながら、まさしく手に汗を握りながら大興奮した。心より前畑を応援した。そして「勝った、勝った」という連呼で号泣した。

この放送には批判もあったが、のちに8月11日を「スポーツ中継の日」として、その栄誉を称えている。

歴史 17

# 世界記録達成「神風号」

東京－ロンドン間を世界最速で飛んだ飛行機

昭和12（1937）年4月6日

4月6日午前2時12分、まだ東京の立川飛行場は漆黒の闇に包まれていた。一度は飛び立った「神風号」だったが、天候が悪くいったん引き上げ、二度目のフライトだった。

朝日新聞社は5月12日にロンドンで行われるジョージ6世の戴冠式奉祝を名目に東京－ロンドン間の連絡飛行を計画した。当時、東京からロンドンへの飛行は逆風であり、パリ－東京間の100時間を切るフランスの試みも失敗を繰り返していた。そこで、朝日新聞は100時間を切る飛行を計画した。さらに、これをイベント化して、大々的に宣伝し、部数拡張を図ろうとした。

飛行機は試作機であったが、中島飛行機製の550馬力のエンジンを搭載した三菱重工業製の軍事偵察機。最高時速は約500㎞、航続飛行距離は約2400

kmという世界でもまれにみる高性能な飛行機であった。

乗員には飯沼正明操縦士と塚越賢爾機関士が選ばれた。この二人は1935年4月に台湾で新竹・台中地震が起きた時、台北から大阪まで、被災の状況を伝える記事と写真を空輸した実績を持っていた。

機体の愛称は公募された。応募総数は50万通を超えた。この中から東久邇宮稔彦王が「神風」を選んだ。さらに、朝日新聞は紙上で声援歌も公募し、当選作は日本コロムビアから『亜欧連絡記録大飛行声援歌』としてレコード発売された。

立川を飛び立った「神風号」は台北、ハノイ、バグダッド、アテネ、パリなどを経由して、現地時間の4月9日午後3時30分（日本時間10日午前0時30分）ロンドンに着陸した。立川離陸後、距離1万5357kmを94時間17分56秒で飛行した。世界最速を実現したのだ。この飛行機の凱旋パレードには多くの人が集まって大盛況だった。

二人とも英雄となるが戦後までは生き残れなかった。二人とも軍人として、飯沼は41年飛行場の事故で、塚越も44年戦地に飛び立ったまま帰らぬ人となった。

歴史

18

日本中に感動をよびおこした奇跡の人

# ヘレン・ケラー来日

昭和12（1937）年
4月15日

「神風号」が世界記録を達成し、日本中が沸き上がっていたころ、横浜港に到着した人物がいる。それがヘレン・ケラーだ。豪華客船「浅間丸」で到着した。

1歳の時にかかった病気で見ることも聞くことも話すこともほとんどできなくなってしまったヘレン。しかし家庭教師アン・サリヴァンの助けによって、三重苦を克服。ハーバード大学のラドクリフ・カレッジに通い、バチェラー・オブ・アーツの学位を得た、初めての盲ろう者になった。そして、ヘレンは、アメリカ盲人財団（ＡＦＰ）に勤務して世界各地を訪問し、障害者の支援を続けていた。

横浜港に到着したヘレンは56歳だった。社会事業家の岩橋武夫はヘレンの来日で、日本の障害者の支援と権利の拡大を図りたいと思っていた。しかし、ヘレンは、恩師であるサリヴァンが病床に伏していたこともあり、なかなか決心がつかなかった。しかし、そのサリヴァンが「日本に行っておあげなさい」と言い残して、亡くなったのだ。来日したヘレンは帝国ホテルの記者会見で、秘書と会話をした。その会話は手のひらと指先、口元と指元の触れ合いを通したものだった。さらに彼女はかすれ気味ながら振り絞るように声を出し、「奇跡の声」として、多くの日本人に感動を与えた。

ヘレンは到着後に、秘書とともに横浜港の待合室にいたところ、何者かによってカバンの中から財布と住所録を盗まれてしまう。財布には日本円にして約250円（いまのお金にして16万円）が入っていた。

ところが、新聞でこのことが報じられると、たちまち全国各地から支援のお金が送られてきた。その金額は元の金額の約10倍にもなった。

その後、昭和天皇や林銑十郎《はやしせんじゅうろう》首相に会った後、ヘレンは1カ月にわたり全国各地を訪問。講演をこなし身障者施設の慰問をした。そして、帰国する。

ヘレンによって多くの日本人が命の大切さを学んだ、はずだったが、日本は戦争に向かっていく。

歴史 19

## 「笑死報国」のわらわし隊

### 死を覚悟して中国大陸の兵士を慰問

昭和13（1938）年 1月15日

航空部隊の「荒鷲」をもじってできた「わらわし隊」。お笑い芸人などによる戦地での慰問部隊である。吉本興業（吉本興業部）が朝日新聞社と共同で、中国大陸に派遣された兵士を慰問するために結成した

第一回わらわし隊の団長は柳家金語楼。彼は部隊経験があった。芸人たちはカーキ色の軍服姿で勢ぞろいし、1月13日に皇居を遥拝。その後、結団式をして東京を出発した。15日に下関到着。ここから彼らは1カ月の慰問を開始する。下関から二手に分かれ、北支那班は「扶桑《ふそう》丸」、中支那班は長崎に出て「上海丸」に、それぞれ乗船した。下関から大連行きの船に乗り込んだ北支那班の面々は「万歳」の掛け声とともに毎日新聞選定歌『露営の歌』を合唱した。

これはまずかった。毎日新聞は主宰している朝日新聞のライバル社。この歌に

気を悪くした朝日側は「歌うのを止めろ」と、社旗を盛んに振って注意した。しかし、北支班の面々は激励していると受け取った。彼らの声は出航するまでに大合唱となった。始まりからズッコケの珍道中だった。

1月17日、北支那班は午前9時に大連に入港した。その後、天津、保定、邯鄲をめぐった。中支那班は午後1時過ぎに上海に入港した。慰問活動は南京、上海など大都市だけでなく、離れた前線近くまで及んだ。当然、三度の飯は軍用食。芸人にはつらい飯だった。特に麦飯は不評だった。しかし、軍隊経験のある金語楼は別。パクパク食べた。周りはあっけに取られていたが金語楼は食べつくした。

芸人たちの芸に、兵士はよく笑ってくれた。しかし皆、泣きながら笑っていた。金語楼は舞台が終わると団長として挨拶をした。「ご健康でご奮闘をお祈りします」と挨拶すると、兵士たちは「君たちも達者でな」「僕らが元気だと伝えてくれ！」と返事をしてくれた。その返事に軍隊経験のある金語楼は絶句した。いつ死ぬかわからない彼らの気持ちを考えると涙が止まらなかった。

## みな「笑死報国」の覚悟だった

ミスワカナは、女子の芸人として人気があった。彼女はよく中国の街に出かけて子供たちに話しかけた。そして、孤児とわかればお金やお菓子をあげたりしていた。ある時、自分の弁当まで与えてしまった。部隊に戻ってきてそれがわかったミスワカナは、「しもた！　わての弁当やってしもた。だれぞ、弁当の半分おくんなはれ」と声を張り上げたという。

慰問は夜も行われた。照明のない夜は、懐中電灯で出演者の顔を照らした。ある夜、蠟燭の明かりで芸を披露していたが、敵弾が飛んできた。すかさず、三亀《みき》松《まつ》は金語楼に「お前さんの頭が目標になったかもしれねえなあ」といじった。

金語楼は頭を搔いて笑ったが、死と隣り合わせの笑いだった。前線に行けば行くほど、兵士たちは笑いに飢えていた。「わらわし隊」もそれに応えている。しかし、それは常に死と隣り合わせだった。

一つの隊は1カ月ほど滞在した。そして帰国する。この慰問は1941年8月まで続いた。隊の訪問は395回に及ぶ。みな「笑死報国」の覚悟だった。

歴史 20

## 原子力開発にもう少しだった「科学日本」

# 理研で大サイクロトロン設置

昭和14（1939）年2月23日

この年の2月23日、仁科《にしな》芳雄は理化学研究所で原始核実験に使う大サイクロトロンの設置を完了した。仁科は物理学者であり日本の量子力学の発展のために尽力した人物である。宇宙線や加速器関係の研究で実績をあげた。彼の研究室からは多くの学者が巣立っている。ノーベル物理学賞を受賞した朝永《ともなが》振一郎もその一人。

１９３４年10月、その彼のもとへ一通の手紙が届いた。ともに理化学研究所を設立した西川正治からだ。彼は国際学術連合総会に出席するためにヨーロッパに海外出張をしていた。その内容は、ローマでエンリコ・フェルミを訪問したことであった。その手紙にはフェルミのグループが水やパラフィンで中性子が減速される現象を発見したことを図入りで詳細に説明してあった。

これは、原子力開発がイタリアで、急ピッチで進んでいることを示していた。

さらに、核分裂の制御ができることを意味していた。原子炉の内部では激しい核分裂が起きる。しかし、これを放置していれば大爆発が起こってしまう。しかし、これを止める方法として水やパラフィンを使えばいいのだ。核分裂の連鎖は中性子が引き起こす。その中性子の動きをそれらが止めてくれる。

この手紙を受け取った仁科はすぐに長岡半太郎に相談した。その長岡が「原子核実験室」の設置を決めた。長岡は仁科の先生に当たる人だった。

ここから、サイクロトロンの開発が始まる。サイクロトロンはイオンを加速するための円形加速器で、原子炉の基本になる。ただし、加速したら減速しないと爆発を引き起こす。それを止める方法が水であることを西川は見つけてきた。

１９３９年2月23日、理化学研究所は大サイクロトロンを完成した。このままいけば、原子爆弾も原子炉も開発可能であった。しかし、資材が決定的に不足していた。この大サイクロトロンでさえ、資材不足で予定の半年遅れでできたものだ。結局、資材不足が原因で研究はストップする。

それが開始できたのが5年後。すでにアメリカでは大規模な核開発が進んでいた。

歴史
21

## 消える恋の花咲く大人の社交場
# ダンスホール最後の夜

昭和15（1940）年
10月31日

日本に初めてダンスホールができたのが、1920（大正9）年に開場した花月園舞踏場。神奈川県鶴見に開設されていた遊園地の花月園にできた。それまでのダンスといえば、鹿鳴館で有名な上流階級の社交ダンスだった。

この舞踏場は一般庶民の入れるダンスホールとして、大盛況だった。大正末期から昭和初期にかけて、ジャズとダンスと英語は、異国情緒を味わえる大人の憧れだった。

作家の久米正雄は『私と社交ダンス』でこんなことを書いている。

「この悪魔主義の作家が可愛い鮎子ちゃんの手を取って、室の隅っこの方で、鮎子ちゃんよりもたどたどしいステップを踏みながら、踊っているのを見るのも、決して悪い感じではなかった」

悪魔主義の作家は谷崎潤一郎を指している。鮎子は谷崎の娘である。この二人を見かけた場所が花月園舞踏場だ。子どもも入れる大人の社交場だった。

## 男女の出会いの場だったダンスホール

花月園舞踏場の成功で、ダンスホールは東京にもできるようになる。しかし、関東大震災で東京は廃墟になった。そして、舞台を大阪に変える。大阪でもダンスホールは大盛況。ピーク時は30軒もあったという。

しかし、その大阪も条例でダンスホールが禁止。またもやダンスホールは東京に戻ってきた。

ダンスホールは男女の出会いの場であった。最初の頃はお客が入らなくて、ダンスホールは女性のダンサーをそろえ男性客を相手にした。ダンサーたちはホールからお金をもらって稼いでいた。しかし後半になると、普通の男女の出会いの場となった。

ダンスホールから生まれた恋の話は、桜の花びらのように多い。激しいジャズの踊りから、最後は二人で身体を寄せ合ってしっとり踊る。若い二人に恋が生まれないはずはない。もちろん、散った数も多い。

## 最後の夜は超満員になったダンスホール

そのダンスホールのピークは1930年ごろ。次第に当局が「若い男女が寄り添って踊るダンスは風紀を乱す」と規制をするようになった。

1940年7月7日には「七《しち》・七《しち》禁令」が施行される。「奢侈《しゃし》品等製造販売制限規則」である。「ぜいたくは敵だ」の掛け声のもと絹織物、指輪の装飾品から節句用具、文房具まで規制が入った。

そして10月31日の夜。この日を最後にダンスホールも禁止された。その夜は、どこのダンスホールも超満員になった。日本は本格的な戦争の時代を迎える。

歴史

22

# 真珠湾攻撃

## 戦争回避で最後まで努力していた日本の外交官たち

昭和16（1941）年
12月8日

昭和史の中で最も大きい事件といえば、太平洋戦争の勃発と原発の投下、そして終戦で、誰もが納得するだろう。

12月8日は真珠湾攻撃の日として、毎年、どこかで何らかの戦争にまつわる報道がされ、イベントが行われている。しかし、ほとんどが戦前の軍部と政府批判に尽きている。ただし、日本人がすべてそうだったわけではない。

政府の中にも戦争を回避しようとした人たちはいた。特に、日米開戦時に駐米大使だった2人、野村吉三郎《きちさぶろう》と来栖《くるす》三郎、そして寺崎英成・駐米情報担当一等書記官がそうだ。

彼らは親電工作というものをしていた。それは、ルーズベルトと天皇陛下が直接電報のやり取りをし、戦争回避を図ろうというものだ。当時、日本軍によるフランス領インドシナ（仏印）侵攻で、日米関係は決定的に悪化し、すでに戦争勃発は避けられない状況になっていた。最後の手段はトップ会談しかない。

この親電工作は、冷戦時代の米ソのホットラインに近い。現在でも、大国間に限らず、各国間にはホットラインがあり、大きな問題が起きた時には、直接トップ同士が話をして、致命的な結果になるのを避ける。

この時も、そのために野村、来栖と寺脇が奔走した。１９４１年12月6日、それにルーズベルトは応えた。昭和天皇に、「仏印から日本軍が撤兵したら、アメリカは同地に侵入する意図はない、周辺政府にも同様の保障を求めるので、日本軍は撤兵してほしい」という内容の電報を送った。

しかし、この電報が天皇に届いたのは、真珠湾攻撃の30分前だった。この時、天皇は服を着替えていた最中という。万事休すである。

昭和天皇も戦争を回避したかった。東條英機に戦争を回避するよう要請している。東條英機もそれに応えようとした。しかし、情勢は日米開戦へなだれ込むように進んでいった。いったいトップも止められない戦争とは何なのだろうか。

歴史 23

# 関門トンネル開通

## 悲願達成、本州と九州を鉄路で結ぶ

昭和17（1942）年
6月11日

6月11日、本州の下関と九州の門司を結ぶ鉄道用の海底トンネルが完成した。この日の13時38分、電気機関車と車両5台の6両編成の列車は、鉄道関係者と報道関係者を乗せて初の試運転を開始した。1896（明治29）年に海底トンネルの提案がされてから、すでに46年の歳月が流れていた。

関門トンネルの開通は多くの人の悲願だった。関門海峡は鉄道に乗ってきても、九州に渡るには、船舶に乗り換えなければならない。さらに天候が悪ければ船が出ない。乗客は甚だ不便に感じていた。

このような状況を受けて、本格的に関門海底トンネルの検討が開始されたのは1910年だった。鉄道院総裁の後藤新平は関門海峡をつなぐ計画として橋を架ける陸路と海底トンネルの両面から調査に入るよう指示した。

１９１９（大正８）年、その調査の結果、やっと国鉄はトンネル案を採用し、総額１８１６万円の予算を計上、帝国議会の承認を得た。しかし、ここから関門トンネルの計画は迷走を始める。

まず、すぐ起きたのが物価高騰である。１９１４年から18年まで続いた第一次世界大戦の影響がすぐに出た。実施調査に入ると、先の予算では建設が全く不可能であることがはっきりした。さらに１９２３年に起きた関東大震災によって、予算自体の確保が不可能になったのだ。関門トンネルの建設はいったん棚上げになった。

## １９３５年、やっと着工

しかし、１９２４年には再度関門トンネルの建設が浮上し、翌25年には鉄道省で関門トンネルの着工を決定。だが、これも27（昭和２）年の金融恐慌で工事に着手することができなくなった。

だが、１９３０年代になると、関門海峡を渡る輸送が急増するようになる。このままでは輸送がパンクするとわかって、またまた関門トンネル建設の声が上がるようになる。そして、1935年9月、とうとう着工にこぎつけた。

しかし、着工にこぎつけたが、次に襲ってきたのが難航する工事だった。海の底のトンネルである。一筋縄ではいかなかった。まず単線で二本のトンネルにするか、複線で一つのトンネルにするか、問題になった。

## 崩落する天井、噴き出す海水

これは比較的うまく片づいた。複線にするほど、乗客はまだ多くなかった。また、トンネル内で事故が起きた時、一本だと完全にストップしてしまうが、2本あれば、とりあえず1本は残る。単線で2本作ることになった。

その後、工事は難航する。海の底のトンネル工事、漏水事故が相次いだ。さらに、開戦（1941年）後の戦況が進むにつれて、トンネルの早急の完成が軍部から求められた。軍事物資の輸送にトンネルが欠かせなくなったのだ。

突貫工事が進むが、戦争の悪化に伴って徴兵される人員も増え、働くものが減っていった。事故現場からも逃げるものが出てきた。そして、陥没事故。記録に残っているだけでも、海水の流入で32人が亡くなっている。

それでも、工事現場では必死に作業を推進していった。ものすごい勢いで漏水が始まれば、セメント袋に火山灰を詰めたものを穴に詰め込んでとめた。これは機械を使うことができたが、断層地帯での天井の崩落は、手作業で天井に厚い松の板を打ち込むしかなかった。

そして、やっと単線の片方が完成した。多くの鉄道関係者は試運転の列車に乗りながら、その苦労を思い出していた。しかし、まだもう一本あるのだ。ホッと一息継ぐ間もなく、土と岩との格闘がまた始まった。

そして、2本目が完成したのは2年後の1944年7月だった。

歴史

24

上野動物園の花子だけではなかった

# 「殉難猛獣」の慰霊法要

昭和18（1943）年

9月4日

9月4日午後2時から、上野動物園象舎前で、薬殺処分された猛獣の慰霊法要が開かれた。導師は浅草寺住職の大森亮順師であった。

当時、東京の動物園の猛獣たちは薬殺処分にされていた。都の命令だった。それは動物たちが空襲で檻が壊れて逃げ出すと、街が混乱におちいるからだった。

これが動物たちの悲劇のはじまりだった。よく知られる花子の物語もそのひとつである。上野動物園の3頭のゾウも処分の対象となった。そのうちの一頭が花子だった。園長たちは処分に反対したが、ダメだった。

毒殺が試みられたが、賢い花子は毒入りの餌を食べることはなかった。毒の薬剤を打とうとするが皮が厚いため注射針も通らなかった。結局、餓死させることになった。

花子はやせ衰える中でも、芸をして餌を求めた。その様子に、飼育員たちはいたたまれなくなり、エサを与えてしまう。しかし、3頭ともやがて衰弱死を迎える。

戦後、この話を聞いた子どもたちはみんな号泣した。そして、戦争はいけないと子ども心に思った。

戦争中、同じような動物園は他にもあった。名古屋にある東山動物園もそうであった。1920年1月、東山動物園には4頭のゾウがいた。キーコとアドン、マカニーとエルドである。軍部は上野動物園と同じく、東山動物園にも猛獣としてゾウの処分を求めてきた。

園長・北王英一《きたおうえいいち》は「ゾウは家畜同然でおとなしい」と反論するが通らない。園長は再度、「前足を常時、鎖で拘束するから」と助命を嘆願すると、これが功を奏し処分を免れた。

しかし、1月末にキーコは飢えと寒さから肺炎にかかり死んでしまう。この時、すでに動物たちに与えるエサは枯渇していた。

東山動物園は1月13日に起こった三河地震の影響で一般観覧は中止され、兵士と馬の食料の貯蔵庫となっていた。キーコの死をきっかけに園長と飼育係は決断した。食料の袋に穴をあけ、キビの実やフスマを盗み出し、ワラや枯草と一緒に煮てゾウたちあげることにしたのだ。しかし、体の衰えていたアドンがキーコに続いて死んでしまった。

## 東山動物園に満州から獣医大尉がやってきた

2月15日、アメリカの爆撃機B29が名古屋を襲った。動物園の檻は破壊され、野牛が一頭脱走した。間一髪のところで狩猟義勇団の団長が駆け付け、動物園を逃げ出す前に射殺することができた。そのような中、2頭のゾウは空襲を生き残った。

3月、満州から獣医大尉が東山動物園の地域に転属してきた。その大尉は部下にキビの実の袋をゾウ舎の通路に置くように指示した。ゾウに食べさせろという意味であった。しかし、飼育係は大尉の意図を知らなかったが、いつものようにこっそりキビの実を手に入れ、ゾウたちに与えていた。兵士たちもそれに気がついていたが、見て見ぬふりをしてくれた。

一方、軍の将校は動物園を無用の長物と見なして、園長にしきりと侮蔑的な言動をし、酔うと軍刀を振り回したりした。

そして、終戦を迎える。戦争が終わって、兵役を免れた事務員2人と飼育係6人は呆然とたたずんだという。しかし、2頭のゾウは生き残った。だが、それ以外の動物で生き残ったのはチンパンジー1頭、カンムリヅル2羽、ハクチョウ1羽、その他鳥類約20羽だけであった。

ゾウをすべて失った上野動物園に比べて東山動物園では2頭生き残った。それは動物園の園長はじめ係員のほか、軍の中に動物に対して愛情を持てる人がいたからだった。どんな時代でも動物を救うのは人間の動物への愛情だった。

歴史
25

# 学徒出陣

## 学生も兵役免除はなくなった

昭和18（1943）年
10月21日

明治神宮外苑競技場で文部省学校報告団本部主催の出陣学徒壮行会が開かれた。この日の朝は雨が降っていた。動員された学生や生徒は約6万5000人。雨の降りしきる中、競技場を彼らの隊列が埋め尽くした。

10月2日、「在学徴集延期臨時特例」が緊急勅令で公布・施行された。これによって、それまで行われていた大学・専門学校・高等学校の学生に対する徴集延期制度がなくなった。これまでは、日本の将来を担う人材として、戦地に向かわせるより、学問を通じて日本に貢献することが求められた。

しかし、戦況が厳しくなり多くの兵士が死傷した。そのため、戦地で戦う兵士が少なくなってきた。

本来なら、この時点で、政府は戦争の終結を考えるべきであるが、当時は総力

出陣学徒壮行会（写真：アフロ）

戦の時代だった。とことん国が疲弊しないかぎり、戦争は終わらなかった。学生や生徒たちも、そこから逃れられなかった。

理工系の学生のみ延期措置は継続されたが、それは兵器の開発やインフラ整備に欠かせない存在だと考えられたからだけであった。

午前9時20分、陸軍戸山学校軍楽隊による行進曲に合わせて、関東地方から集まった77校の出陣学徒約2万5000人が入場を始めた。先頭は東京帝国大学、後の東大の学生たちだった。

行進が終わると、皇居に向かって遥拝。国家「君が代」斉唱が続き、その後東条英機首相、文部大臣・岡部長景の訓辞となった。さらに、慶應義塾大学学生の壮行の辞、東京帝国大学学生の答辞と進み、「海ゆかば」の斉唱、「天皇陛下万歳」を三唱して壮行会は終了した。

学徒出陣した学生・生徒は12万人を超えた。その中には特別攻撃隊となって、戦艦に突入した者もいる。彼らを含め多くの若者をなくした日本、どれだけの人材を失ったのだろうか。

歴史
26

# 横浜事件

## 官憲の陰謀、言論人の大量検挙

昭和19（1944）年
1月29日

この日、中央公論社と改造社の編集者9人が、神奈川県警察部特高課（特高／日本の秘密警察）に検挙された。容疑は治安維持法違反である。その後、朝日新聞社、岩波書店などに属する出版人が次々と治安維持法で逮捕された。

その数は約60人、未確認者も入れれば90人が、神奈川県特高課によって革や竹刀によって殴打され、失神するとバケツの水を浴びせられるなどの激しい拷問を受けた。そして、4人が獄死する。さらに1人が保釈後に死亡し、30人が負傷した。この一連の事件が「横浜事件」と呼ばれる。

しかし、彼らにかけられた治安維持法違反の容疑はすべてでっち上げだった。

これを遡る1942年9月14日、内務省は総合雑誌『改造』（8月号および9月号）に掲載された論文「世界史の動向と日本」が、出版法違反にあたるとして執筆者である細川嘉六《かろく》を検挙した。この論文が「共産主義宣伝」であるとされたのだ。

この検挙の3日前、神奈川県警特高課はアメリカで労働運動を研究していた川田寿とその妻を帰国した際に「アメリカ共産党の指令を持ち帰った」ということで逮捕する。しかし、これもでっち上げだった。彼らが共産党員であったことはない。そして、川田の関係者の世界経済調査会の高橋善雄、さらには高橋の関係者である満鉄調査会の西沢富夫、平館利雄を1943年5月続けざまに検挙した。特高はその西沢を検挙する際の家宅捜索で一枚の写真を見つける。

その写真は細川嘉六が1942年7月に親しい編集者や研究者を招いて開いた1泊2日の懇親会を写したものにすぎなかった。しかし、それを特高は「日本共産党再建準備会」であると勝手に決めつけ、その写真に写っていた人を片っ端から逮捕し、拷問にかけたのだ。

なおかつ、特高は、彼ら全員を終戦まで拘束し、1945年10月に治安維持法が切れる直前に30人を起訴し、細川を除く大部分が執行猶予付有罪となった。しかし、当時の記録はＧＨＱによる戦争犯罪の訴追を恐れた政府関係者によって公判記録をすべて焼却されて残っていない。その後細川も保釈中の10月に、治安維持法の廃止により刑を免れた。

だが、特高によるでっち上げで亡くなった5人の命は、もちろん戻らなかった。

横浜事件発祥の地

歴史

27

# 雑炊食堂

## 美味しい店には長蛇の列ができた

昭和19（1944）年2月〜

戦争は、ひとびとの食も自由にさせてくれない。

真珠湾攻撃のあった1941年の4月1日、東京、大阪、名古屋、京都、神戸、横浜の6大都市で米の配給通帳制が始まった。そして、外食は外食券が必要になる外食券制が実施された。

さらに、5月8日に、東京では肉なし日が実施される。8日と28日は食肉小売店が休業、飲食店も肉を提供できなくなった。

1942年になり食料事情がより逼迫すると、市中の食堂は外食券を持つ者だけに食事を提供する外食券食堂が中心となった。

東京では、戦局が悪化し始めた1944年2月以降は、より規制が強化された。政府は外食券食堂以外の店への米の配給を停止した。そのため、すべての食堂が外食券を持たない者を締め出した。一方で、わずかに食券無しでも食事がとれるように制度が作られた。それが雑炊食堂だ。

ビアホールや百貨店、大喫茶店に雑炊食堂は開設された。東京都内では上野松坂屋、浅草松屋などのデパートや百貨店の食堂も雑炊食堂に衣替えし、約150軒の雑炊食堂ができた。

雑炊は規格化され、米5勺《しゃく》（約90㎖）に野菜や魚介類を3～4品煮込み、出来上がり量は2合5勺（約450㎖）、120－130匁《もんめ》（約470g）を基準とした。定価は場所によって違ったが、20～30銭とされた。ただし、米や野菜、魚介の質は問われない。くず米や玄米に野菜、貝類、どんな魚かもわからない魚肉などを混ぜて塩で味をつけて、どろどろに煮込んだものが雑炊であった。

いまなら捨てるような食べ物のくずを寄せ集めたものだが、店によって雑炊の質が違ったため、良質のものを出す店には長蛇の列ができた。

11時半開店の雑炊食堂が、1時間半ほどで売り切れになった。人々はいつの時代でも質を求める。一方、いつの時代でも官僚たちにはそれがわからない。

# 第三章

# 昭和20年（1945）〜昭和29年（1954）

## 【主な出来事】

| | |
|---|---|
| 1945（昭和20）年 | 広島・長崎に原爆投下、ポツダム宣言受諾・終戦<br>財閥解体命令、第一次農地改革、労働組合法公布 |
| 1946（昭和21）年 | 天皇人間宣言、日本国憲法公布<br>戦後教育体制発表、第二次農地改革 |
| 1947（昭和22）年 | 日本国憲法施行、独占禁止法公布、労働基準法公布 |
| 1948（昭和23）年 | 東京裁判終結、経済安定9原則の要求 |
| 1949（昭和24）年 | 湯川秀樹ノーベル物理学賞受賞、ドッジライン実施<br>シャウプ勧告による税制改革 |
| 1950（昭和25）年 | 警察予備隊創設 |
| 1951（昭和26）年 | サンフランシスコ講和条約調印、日米安全保障条約調印 |
| 1952（昭和27）年 | 日米行政協定調印、日華平和条約調印 |
| 1953（昭和28）年 | 経済自立三目標四原則発表、NHKテレビ放送開始<br>奄美諸島復帰 |
| 1954（昭和29）年 | 自衛隊発足（自衛隊法可決）、ビキニ水爆実験 |

歴史 28

# 終戦のご聖断

## 全ての責任は私が負う

昭和20（1945）年
8月14日

8月8日、日本が密かに和平の斡旋を依頼していたソ連が、突如、日本に対して宣戦布告してきた。ソ連が裏切ったのだ。昭和天皇が一縷《いちる》の望みをかけていた日米の和平の道は、ここに閉ざされてしまった。

翌9日から10日にかけて、御前会議が開かれた。そこで陛下はポツダム宣言を受け入れることを表明した。ポツダム宣言は7月26日にイギリス、アメリカ、中国の首脳から出された、日本への降伏勧告であった。

そのポツダム宣言の解釈は、日本の御前会議のメンバー間で違っていた。大きな解釈の違いは、国体である天皇制と天皇を残すか否かだった。残さないのであれば、徹底的に米英中と戦って国を守るしかない。何人かの軍人はそう考えていた。

しかし、陛下自身は違った。すでに覚悟を決めていた。陛下は日本が戦える状況でないことはわかっていた。

日本軍は敗北に敗北を重ね、本土決戦用に造ろうとしていた千葉の犬吠埼《いぬぼうさき》と九十九里浜の要塞さえ完成していない。国民は連日の爆撃で悲惨な状況に置かれている。これ以上戦っても、国民はより悲惨になるだけだ。そのようなことは許されない。陛下はそう考えていた。

## 三国干渉時の明治天皇のように、忍び難きを忍ぶ覚悟

8月12日、陛下は皇族を集めて話している。

「本日、みなに集まってもらったのは、10日の最高戦争指導会議で表明した、私の決心を話し、皇族一同が一致協力してもらいたいからだ。私は国体の維持を条件にポツダム宣言を受諾する決心をした。今朝、連合国のほうから回答があり、この点はほぼ認められたと思う」

さらに、陛下は皇族に向かって、

「もし、このまま戦争を続ければ、帝国臣民は苦しみ、世界人類の不幸は計り知れないものがある。もう戦争を続けるわけにはいかない。

私は耐え難きを耐え、忍び難きを忍び、明治天皇がかつて三国干渉の際に、涙を呑まれて臥薪嘗胆《がしんしょうたん》の御決意をなさったのと同じ気持ちで、苦しさを忍ぼうと決心した」

昭和天皇は祖父である明治天皇を目指して帝王学を学ばれてきた。その明治天皇が最も悔しい思いをしたのが三国干渉である。明治の近代日本が、国民の血を流してまで清《しん》と戦い、やっと手に入れた領土を、ロシア、ドイツ、フランスの三国が清に返せと要求してきた。

まだ、その三国と戦えるほどの力のなかった日本は、その要求をはねのけることはできず、明治天皇は臥薪嘗胆の思いで受け入れたのだ。

この時の昭和天皇のお気持ちも同じであった。陛下はこの間、悩み苦しんでいた。4カ月ぶりに陛下に会った東久邇宮稔彦王《ひがしくにのみやなるひこおう》は、あまりに痩せられた陛下を見て驚いた。顔色も悪く、神経質に顔を震わせていたという。どれほどの心痛であったことか。

陛下のお気持ちに、皇族たちは一致して協力すると述べた。

## 嗚咽とともに苦渋の意見を述べる阿南たち

14日、再度、御前会議が開かれた。陛下は、先日の会議でポツダム宣言を受け入れることを表明したが、それについて意見のある者の話を、まず聞いた。

参加していた主なメンバーは、鈴木貫太郎首相、平沼騏一郎《きいちろう》枢密院議長、米内《よない》光政海相、東郷茂徳外相、松阪広政法相、阿南惟幾《あなみこれちか》陸相、豊田貞次郎軍需相、梅津美治郎陸軍参謀総長、豊田副武《そえむ》海軍軍令部総長である。

最初に発言したのは阿南であった。

「国体の護持に、少しでも疑念があるのであれば、死中に活を求めて戦い続けるべきであると考えます。軍はまだ会戦で敗れていません。勝算はあります」

立ち上がって発言する阿南陸相の目から涙がこぼれだした。途中、声は涙声になり震えている。それを見ていた陛下の頬にも涙が伝わり始めた。

次の発言者は梅津であった。彼も泣きながら意見を述べる。続いて豊田軍令部総長も意見を述べた。皆、涙を止めることができない。

ポツダム宣言を受けることに反対する者は3人であった。その3人の意見が終わると、陛下は涙をぬぐおうともせず、話しだした。

「ほかに別段意見の発言がなければ、私の考えを述べる。反対論の意見をそれぞれよく聞いたが、私の考えはこの前申したことと変わりない。私は世界の現状と国内の事情を十分に検討した結果、これ以上戦争を続けることは無理だと考える」

## 自分はいかになろうとも、万民の命を助けたい

この言葉を聞いた閣僚たちは、震えながら、一様に目頭を押さえた。陛下が続ける。

「さらに陸海軍の将兵にとって武装の解除なり保障占領というようなことはまことに耐え難いことで、その心持ちは私にはよくわかる。

しかし自分はいかになろうとも、万民の命を助けたい。

この上戦争を続けては結局、我が国がまったくの焦土となり、万民にこれ以上の苦悩を嘗《な》めさせることは私としては実に忍び難い。祖宗の霊にお応えできない」

すすり泣きの声が大きくなった。そして、陛下の声が一段と大きくなった。

「阿南、阿南、泣くな！　阿南。お前の気持ちはよくわかっている。しかし、私は国体を護れる確信がある」

阿南は、十数年前、侍従武官として陛下にお仕えしていた。陛下は、阿南が国体を、陛下を、守ろうとしている気持ちが十分にわかっていた。しかし、これ以上戦争を続けるべきではない。阿南の嗚咽がいっそう大きくなった。阿南陸相は、このご聖断のあと、割腹自決をしている。

## 私はいつでもマイクの前に立つ

陛下は続けた。

「この際、耐え難きを耐え、忍が難きを忍び、一致協力して将来の回復に立ち直りたいと思う。今日まで戦場に在って陣没し、或は殉職して非命に斃《たお》れた者、またその遺族を思うとき、悲嘆に堪えぬ次第である。

また、戦傷を負い戦災をこうむり、家業を失いたる者の生活に至りては私の深く心配する所である。この際、私としてなすべきことがあれば何でもいとわない。国民に呼びかけることがよければ、私はいつでもマイクの前に立つ」

陛下の固い決心に、誰もが涙していた。阿南も、もう何も言う言葉はなかった。

陛下のご聖断である。ここまでやつれて、一番苦しんだのは陛下なのだ。その陛下が涙して語っている。

「この際、詔書を出す必要もあるだろうから、政府はさっそくその起案をしてほしい」

陛下はそう言い残すと席を立った。陛下の頬にも、そこにいた者の頬にも流れ出る涙が枯れることはなかった。陛下2度目の自らの意志を通した時であった。

戦争は終わった。

歴史

29

# 玉音放送

## 陛下の言葉を守った男たち

昭和20（1945）年
8月15日

終戦の日、クーデター計画があった。昭和天皇のポツダム宣言を受諾する玉音放送を阻止し、政権を転覆しようとしたのだ。

首謀者は陸軍軍務課の畑中健二、井田正孝、椎崎《しいざき》二郎少佐たちであった。

午前0時過ぎにクーデターははじまった。

昭和天皇による玉音放送の録音を終了して、皇居を退出しようとしていた下村宏情報局総裁と放送協会職員など数名を、近衛兵の佐藤好弘大尉が拘束した。

### 師団長の森を殺害

その後、畑中は他2名とともに近衛第一師団師団長森赳《もりたけし》中将に面会を強要し、クーデターへの参加を求めた。しかし、森はうなずかない。

これに対し、畑中は銃を発射し、ともにいた同志が軍刀でとどめを刺した。森の殺害後、畑中らは森の印鑑を盗み、畑中が起案した命令書に印鑑を押し、偽の作戦命令を発令。それを受けて近衛兵は皇居の門を封鎖した。

同時に、宮内省では電話回線が切断され皇宮警察は武装解除させられている。玉音放送の実行を阻止するために千代田区内幸町《うちさいわいちょう》の放送会館へも近衛兵が派遣され、放送会館職員は監禁された。

クーデター首謀者の一人、近衛師団の古賀秀正少佐は、放送会館職員への脅迫で、玉音が録されたレコードが宮内省内部に存在することを知った。彼は、宮内省を占拠している大尉らに捜索を命じている。

しかし、ここからクーデターの企みは崩れていく。

午前4時過ぎ、東部軍管区の高嶋辰彦参謀長は芳賀豊次郎近衛第二連隊長との電話連絡に成功する。高嶋は芳賀に対し、師団命令が偽造であることを伝えた。

一方、畑中は、午前4時30分ころ、放送会館のスタジオ内に居座り、職員にクーデター決起声明の放送を要求した。しかし、応対すべき放送協会の幹部はいずれも不在だった。

そして、ここから放送局員による放送を守る必死の戦いが始まる。

## 規則を盾に放送を守った局員たち

幹部に代わって、対応したのは副部長級の職員や一般の技術職員であった。職員たちは、「いま空襲警報が出ており、東部軍から許可がなければ放送できない」と畑中の要求を突っぱねた。空襲警報発令中の放送の権利は、東部軍管区司令部に移る。そのため、警報が解除されるまで放送会館からは放送が出せない、という規則を盾にした。

さらに、畑中に対して、「どうしても放送が必要であれば、東部軍管区司令部へ電話して放送の許可を受けてもらいたい」、と時間稼ぎをした。

畑中は、仕方なくそれに応じ、スタジオを出て電話室へ向かった。

日が昇ってすぐの午前5時頃、東部軍司令官の田中静《しず》壱《いち》大将は、自ら近衛第一師団司令部へと向かった。そして、畑中の偽造命令に従い部隊を展開させようとしていた近衛歩兵第一連隊の渡辺多粮連隊長を止めた。

これで、皇居はクーデター軍から主導権を取り返した。一方、これを境にクーデターは急速に沈静化へと向かう。

午前6時過ぎ、クーデターの発生を伝えられた昭和天皇は「自らが兵の前に出向いて諭そう」と述べている。その頃、陸相官邸では阿南陸相が自刃している。

そして、放送会館では、東部軍へ電話で決起放送の許可を求めた畑中が拒絶を受けた。これによって、畑中は放送を断念し、部隊を撤退させた。

その後、玉音放送のレコードは奪われることなく放送局に届けられ、首謀者の畑中と古賀は自害し、クーデターは未遂で終わった。無事、下村宏情報局総裁らも解放された。

放送局員の命を懸けた戦いが玉音放送を守り、無事終戦を迎えさせたのだ。

歴史

30

# リンゴの唄

## 人々の心を癒やした並木路子の声

昭和20（1945）年
10月11日

終戦の年の10月11日、戦後の混乱期に上映された『そよかぜ』は入場料が1円と高額だったにもかかわらず大ヒットした。1円といえば、今でいえば7000から8000円ほど。かなり高かった。

この映画は初めてGHQの検閲をクリアした映画であった。当時、GHQは日本の歌舞伎や浪曲を封建文化であるとして、禁止する方向だった。一方、ジャズや軽音楽といったアメリカやイギリスの音楽を無理やり持ち込んできた。

映画会社の松竹は、このようななかで、どのような映画を作るべきか悩み思案に暮れていた。そのうえで、出た答えが、みんなが楽しめるものにしようと決まった。脚本は映画監督であり、脚本家でもある岩沢庸徳《つねのり》が戦時中に書いていた戦意高揚映画『百万人の合唱』の内容を作り替えたものだった。

その映画の主役を射止めたのが並木路子《なみきみちこ》。松竹少女歌劇団員の23歳だった。うりざね顔の少々幼く素朴な感じが映画とマッチした。

映画は、演芸劇場の照明係で歌手志望の少女みちがバンドのメンバーたちに励まされながら、やがて歌手としてデビューするという、まさしく「スター誕生」の物語だった。

この少女みちが並木路子。彼女自身も歌劇団の一員からの抜擢だったから、まさしくスター誕生の主人公みちと重なった。彼女は、この映画で戦後のアイドルの第一号となった。

バンドのメンバーは上原謙や佐野周二、斎藤達雄という実力派俳優が、わきを固めた。

そして、この映画から生まれた並木路子自身が歌う「リンゴの唄」が大ヒット。巷には「リンゴの唄」を歌う人が溢れた。いまでも誰もが口ずさむ歌になった。スタッフたちの思いが通じた映画だった。

歴史

31

背広姿に「あっ、そう」の人間・天皇

# 天皇巡業始まる

昭和21（1946）年
2月19日

昭和天皇の戦後巡幸は2月19日の神奈川から始まった。その戦後巡礼でトレードマークになったのが、「あっ、そう」という言葉である。

一般人が、返事として「あっ、そう」と使ったのなら、そっけない返事として批判されるだろうが、陛下の「あっ、そう」には、独特の温かみがあり、まったく嫌みには聞こえなかった。

しかし、なぜ、このような返事になったのだろうか。

陛下が庶民と初めて話したのは、1945年12月8日から、皇居で行われた皇居勤労奉仕での「農民みくに（御国）奉仕団」の人々との会話だったといわれている（岩見隆夫『陛下の御質問』）。

そこで、農民みくに奉仕団の副団長格だった長谷川俊（元東久邇稔彦内閣秘書）は陛下と話している。長谷川はその時の様子を以下のように語っている。

「とにかく、陛下が庶民に会うのはこれが初めてなんだから。日本の歴史はじまって以来ですよ。こう、空に向かって、一言ずつしゃべられるんだなあ。『あっ、そう』というのは、その時からはじまったんだから」

## 一言ずつしゃべる意味

それまで、陛下は庶民と話したことがなかった。庶民とどう話していいか、まったく学んでこられなかった。初めてだから、どうしてもぎごちなくなる。

陛下が、一言ずつしゃべられるのは、間違ったことを言わないためでもある。

陛下の弟の三笠宮崇仁親王が、『河出人物読本・天皇裕仁』（河出書房新社１９８８年刊）での、評論家・牛島秀彦氏との対談で、こう述べている。

牛島「天皇のお話しのし方は独特でございますね。たとえばテレビで見ていても」

三笠宮「まあ、普通一般の人と違うかも知れんけど、それはテレビなんかと違いますよ、普通の会話の時は」
牛　島「スムーズですか」
三笠宮「なかなか」
牛　島「どこが違いますか」
三笠宮「やっぱり、何というか、（テレビの場合）間違いを言っちゃいけないっていうアレでしょうね。非常に慎重であること」
天皇とて人間である。間違いはもちろんある。しかし、日本の最高の権威である以上、それは許されない。陛下は、かなりプレッシャーを感じながら話されていたのだろう。「あっ、そう」は、その中で生まれてきた言葉なのかもしれない。

## さまざまなバリエーションがあった「あっ、そう」

最初は、偶然、出てきたのだろう。しかし、それがスタンダードになってしまえば、「あっ、そう」で国民は安心して陛下と話ができる。それ以上の言葉はいらない。それでも、「あっ、そう」にはさまざまなバリエーションがあった。

ああ、そう、そう。

あ、そう。

ああ、そーう。

あ、そう、ふーん。

ああ、そう、うん。

うん、うん。

うん、そう。

うん、そう、そう。

うん、そーか。

それぞれに微妙にニュアンスが異なり、「そう」の部分が「そーう」と長くなると、同感の意味が含まれたという（『陛下の御質問』）

歴史 32

昭和21（1946）年4月10日

# 戦後初の普通総選挙

## 女性代議士39人誕生

この日、戦後初の総選挙が行われた。この選挙は完全な普通選挙であった。いままでは男性のみの普通選挙で、女性には選挙権がなかった。もちろん被選挙権もない。第22回衆議院選挙に当たるこの選挙から婦人参政権が実施された。男女ともに有権者の関心は高く、全体の得票率は72・8パーセントだった。

治安維持法や政党の縛りもなく、各党派が出そろった。戦前から存在する政党の系譜を持つ日本進歩党や日本自由党、日本社会党のほか、戦前は非合法政党だった日本共産党も立候補した。

戦前の主要政党ではなかったが、協同組合主義の日本協同党も出ている。選挙の結果は、総議席466のうち、第一党が、鳩山一郎率いる日本自由党で141議席。第二党が、町田忠治率いる日本進歩党で94議席。第三党は、その日本進歩党と1議席差の片山哲が率いる日本社会党。第四党が党首・山本実彦の日本協同党で14議席、第五党が日本共産党の5議席だった。日本共産党の党首は前年の10月に18年にわたる獄中生活を終えて出てきた徳田球一だった

なお、諸派も多く38議席、無所属は81議席とかなり多い。

初の女性参政権が実施された選挙だったので、女性の候補も多くいた。79人が立候補し、3人連記の「最後に私の名を」と訴えた。当時の選挙は現在とは違っており、ほとんどの選挙区が都道府県を単位とする大選挙区で、定数は10以上のところも多くあった。そのため、候補者一人だけ書く単記投票制では不都合と政府は考え、一つの選挙区で複数人の名前を書けた。定数が10以下は2人、11以上のところは3人まで投票することができた。

その結果、女性の代議士は39人も生まれることになる。そして女性の議員の割合は8・9%だった。現在の女性の衆議院議員の数は73人、比率は15・7%。やっと最初の選挙に比べて倍近くになったが、人口比でいえば、まだまだ圧倒的に少ない。それが日本政治の現状なのだろう。

歴史

33

# 「フジヤマのトビウオ」が希望の光を灯した古橋、自由形で世界新

昭和22（1947）年8月9日

8月9日、東京代々木の神宮プールは超満員の観客で埋まった。戦後初めての日本選手権水泳競技大会が開かれる。彼らが注目している選手は日本大学の古橋《ふるはし》廣之進《ひろのしん》。これ以前に行われていた学生選手権で400mと800mの自由形で優勝している選手だ。競技は400m自由形、スタートの号砲がなった。最初からピッチを上げる古橋、右腕を思いきり振り回し水かきをする。息継ぎは左だ。

彼は中学の時に事故で左手の中指をなくしていた。そのため、そのハンディキャップを克服するために、右腕を思いきり回せるよう息継ぎを右から左に変えていた。そして毎日2〜3万mも泳いだ。古橋は並み居る強豪を打ち破ってレースは大勝利。タイムは4分38秒4だった。これは世界新記録。しかし、当時、敗戦国日本は国際水泳連盟から排除されていたため、この記録は認められなかった。

残念だったが、日本人はみな、世界新を出した古橋を誇りに感じた。

そして、翌1948年のオリンピック当日、日本水泳連盟は日本選手権を開いた。日本は戦争責任を問われて、オリンピックにはいまだ参加できなかった。しかし、オリンピックと同じ日程で、古橋が得意とする400m自由形と1500m自由形の決勝戦を開いた。古橋の400mの記録は4分33秒4の世界新。1500mの記録も18分37秒の世界新。どちらもロンドンオリンピックで優勝した選手より速かった。しかし、もちろん、世界はこれを認めなかった。「プールが狭かったんだよ」と彼らは言った。

この言葉を打ち破ったのが、翌1949年に開かれた全米選手権である。世界に復帰が叶った日本は、ここで古橋が400m、800m、1500m自由形に出場し、すべて世界新で優勝したのだ。この時、古橋についたニックネームが「フジヤマのトビウオ」。観客席にいた日系二世たちは、それまで、禁じられていた日の丸を振って絶叫して応援した。彼らは敵国の日系人ということで強制収容所に入れられ迫害を受けていた。日本人も日系人も自信を取り戻した瞬間だった。

歴史 34

# 美空ひばりデビュー

## 戦後日本のシンボルとなった天才少女歌手

昭和23（1948）年
5月1日

この日、美空ひばりは横浜国際劇場の舞台に立った。本格的な歌手でのデビューだった。もうすぐ11歳の可憐な少女の歌は抜群にうまかった。大人顔負けどころか、大人でも敵う者がいないぐらいだった。

ひばりが生まれたのは1937年5月29日、支那事変が勃発する直前だった。横浜の魚屋の娘として生まれた彼女は、9歳の時にNHKの「のど自慢」に出場している。歌ったのは、当時大流行していた「リンゴの唄」。並木路子が映画『そよかぜ』で歌った唄だ。

観客が息をのむほど、ひばりの唄はうまかった。この当時は美空和枝（本名は加藤和枝）を名乗っていた。誰もが合格と思った。しかし、合格の鐘がならなかった。あまりに大人びていて、審判員は鐘を鳴らすのをためらってしまった。衣装も歌も大人以上だった。

美空ひばりと芸名が決まったのが、10歳の時、それ以降、着実にスターの階段を上がり、横浜国際劇場で本格デビュー。

さらに翌年の49年には早くも東京・日比谷の日劇に進出した。歌ったのは笠置シヅ子の「東京ブギウギ」。他にも「セコハン娘」を歌う。これについては子どもが大人の歌をうたうと賛否両論あったが、大評判を呼んだ。

そして、ひばりのマネージャーはひばりを〝ベビー笠置〟、〝豆笠置〟のキャッチフレーズで売り込んだ。

1949年、ひばりは映画にも初出演。さらに『踊る龍宮城』に出演し、そこで歌った主題歌の『河童ブギウギ』でレコードデビュー。

そして、ひばり人気を決定づけたのは初主演映画『悲しき口笛』だった。この映画で歌ったオリジナル曲「悲しき口笛」は50万枚を超える大ヒットとなった。ここからひばりは昭和の歌姫としてスターダムの階段を一気に駆け上がっていく。

歴史
35

# シャウプ勧告

## 国民の公平さと地方自治の独立を目指した税制

昭和24（1949）年
8月27日

1949年8月27日、日本の税制改革のために来日していたコロンビア大学のカール・シャウプ教授を代表とする使節団が、勧告書をまとめ、GHQに提出した。

これは、日本における長期的かつ安定的な税制と税務行政の確立を図るための勧告書で、日本文で10万字にも及ぶものだった。

この勧告書の基本原則は、直接税、とくに個人所得税を中心に個人の所得の把握を徹底化すること。不動産税や住民税などの地方に固有の財源を配して地方自治の基盤を強化することだった。

公平な租税制度の確立と税制の合理化を目指していた。

なぜ、所得税なのか。間接税では各個人の所得が把握できない。そうなると、貧富の差もわからなければ、貧困に陥っている人も把握できないし、その人のための行政サービスもできない。税を通して、国民の所得を把握し、生存権を維持するために必要だと考えた。一方、所得が把握できれば、税金を徴収するのも簡単になる。一挙両得の考えだった。

さらに、地方税を確立すれば、国税が逼迫しても地方に負担をかけることがない。これは、州ごとの独立性が強いアメリカをモデルにしたこともあるだろう。シャウプが目指したのは、国民の公平さと、地方自治の独立だった。そして、それを支えるための税制の民主化にあった。

しかし、現在の日本は全く逆の方向へ進んでいる。消費税を導入し、所得税の割合をどんどん下げている。経済学者の中には、直接税をやめて消費税だけにしろという極端な意見がある。所得税は、法人税を払っている会社の役員に二重課税になるという論もある。間接税だけなら、二重払いがないから公平だという。

はたしてそうだろうか。シャウプ勧告の否定がまかり通る現在、もう一度原点に返って、その精神を見直す必要があるのではないだろうか。

歴史 36

占領下の国民に歓喜をもたらした日本人初

# 湯川秀樹ノーベル賞受賞

昭和24（1949）年
11月3日

11月3日、スウェーデン科学アカデミーはノーベル物理学賞を京都大学教授の湯川秀樹に贈ることを発表した。日本人としては初めての受賞だった。42歳の快挙だった。敗戦で自信を失っていた日本人に大きな希望を与えた。

湯川秀樹は1907年に東京に生まれた。大阪帝大助教授を経て、39年に京都帝大教授となった。そして、この49年からコロンビア大学教授としてアメリカに滞在していた。

湯川が物理学賞を受賞した内容は「中間子」である。

中間子とは陽子と中性子を結び付けている素粒子で、陽子と中性子の間をキャッチボールするように行き来している。なおかつこの質量は電子の200倍ほどの重さがあるものだ。この中間子が見つかる前、物理学者の前に難問が控えていた。その難問とは陽子の問題であった。

陽子は電気的にプラスで、中性子は中性である。本来なら、プラスの陽子どうしは反発し合い、原子核はバラバラになるはず。しかし、実際はそんなことは起きず、原子核はまとまっている。なぜか、この難問に誰も答えることができなかった。

この難問の解明に挑んだのが湯川だった。そして発見したのが中間子である。中間子が接着剤の役目をしているのだ。だが最初、この理論は、誰にも理解してもらえなかった。あまりに大胆な発想で、難解だったからだ。

しかし、1937年、アメリカの物理学者たちが、湯川が予言した中間子に似た新粒子を宇宙線の中から発見したと発表した。これによって、湯川の中間子が脚光を浴びる。さらに、戦後の1947年、イギリスの物理学者がとうとう実際に中間子を発見した。

これによって、湯川の理論が正しいことが証明されたのだ。理論の発表から12年が経っていた。

歴史

37

# 金閣寺炎上

## 三島由紀夫が描いた美の世界

昭和25（1950）年
7月2日

三島由紀夫が描いた『金閣寺』のモチーフになった金閣寺炎上。実在の事件であることはご存じだと思う。

1950年7月2日午前3時、金閣寺からの一報が消防署に入った。消防隊が駆けつけた時にはすでに猛烈な炎が噴出していた。火災報知機が取り付けてあったが、バッテリーが焦げ付いて使いものにならなかった。

この火災によって、貴重な文化遺産、国宝の舎利殿（金閣）が全焼し、足利義満の木像（国宝）、観音菩薩像、阿弥陀如来像、仏教経巻など文化財6点が焼失した。

警察は、普段、火の気がないことから、放火とみて捜査を開始した。開始してほどなく、見習い僧侶であり大谷大学学生の林承賢が行方不明であることが判明し、捜索が行われた。

夕方になると、寺の裏にある左大文字山の山中で、薬物のカルモチンを飲み切腹をして、うずくまっていたところを発見された。

すぐさま、放火の容疑で逮捕された。彼自身は救命処置により助かった。

彼が火をつけた動機は複雑だった。これが、三島の興味を引いた。彼は、動機として「世間を騒がせたかった」や「社会への復讐のため」などと話していたが、他にもコンプレックスを抱えていた。

自身が病弱であることや重度の吃音症であること、さらに、母から過大な期待を寄せられているプレッシャーもあった。他にも、お寺に対する絶望感もあった。僧侶より参観料を握っている事務方のほうが力を持っていることにも不満をいだいていた。

さらに、事件当時、統合失調症を発症しており、これも犯行の原因の一つではないかと考えられた。

この事件で、警察の事情聴取を受けた林の母親は、京都での事情聴取の帰り、山陰本線の列車から亀岡市馬堀付近の保津峡に飛び込んで自殺した。そして、林も26歳で病死している。

## 現代文学の金字塔となった『金閣寺』

三島がこの事件をもとに描いた『金閣寺』はちょうど林が病死した1956年の1月から10月にかけて雑誌『新潮』に連載された。単行本はベストセラーになり15万部を売り上げ、三島の代表作になっている。そして、現代文学の金字塔となった。

金閣寺が燃え、林親子が亡くなって、三島の金字塔が生まれた。その三島も自衛隊の市ヶ谷駐屯地で自刃した。

現在、林親子の墓は舞鶴市安岡町にある。今も墓には花が手向けられているという。

歴史 38

## 厳しくも素朴な東北の人々の暮らし
# 『山びこ学校』発刊

昭和26（1951）年3月5日

「雪がこんこんと降っています。人間はその下でくらしているのです」

『山びこ学校』の中に書かれている一文だ。

この『山びこ学校』は山形県南村山郡山元村の中学2年生43人の学級文集「きかんしゃ」の原稿をまとめたもの。

この学級文集を指導したのが無着成恭《むちゃくせいきょう》だ。彼は1927年、山形県南村山郡本沢村の沢泉寺の長男として生まれる。その後、山形師範学校を卒業し、山元村立山元中学校に赴任した。

彼は、同じ山形県の教育者である須藤克三《すとうかつぞう》から助言を受けて、国語教育として「生活綴り方運動」に取り組んだ。『山びこ学校』はその成果である。

子どもの目を通して、戦後の東北の貧しい山村で生きる人々の姿と生活が生き生きと描かれた。生活綴り方運動は大正期の自由主義教育を受け継いだもの。子どもたちに自由に文章を書いてもらい、それについて考えさせるという国語教育だ。すでに先行した本として詩集『山芋』や『新しい生活綴方』の本が出ていた。その成果を引き継ぎつつ、『山びこ学校』には、多くの人々を惹きつける素朴でいて厳しい現実が綴られていた。戦後の厳しい現実を生きている人たちに共感と感動を与える本だった。

この文集は1951年3月5日、東京の出版社である青銅社から発売された。本の正式タイトルは『山びこ学校――山形県山元村中学校生徒の生活記録』である。この本は全国で大きな反響を呼び、18刷12万部を売った。

さらに、1952年には、日本教職員組合も協力して、今井正監督のもと、映画にもなっている。

しかし、無着は、地元の人たちから、貧乏生活を公にされ、恥をかかされたと批判を浴びた。彼は、地元の人に理解されることなく村から追放された。

歴史

39

## マッカーサー帰国

老兵は死なず、ただ消え去るのみ

昭和26（1951）年
4月16日

4月16日午前6時半、マッカーサーは夫人と息子と共にアメリカ大使館を出発、帰国の途に就いた。朝早くから詰めかけた人々は20万を超え沿道を埋め尽くした。朝鮮戦争と中国に対して強硬派だったマッカーサーは慎重派のトルーマン大統領と真っ向から対立した。そのためGHQの最高司令官の職を解任され、後任のリッジウェイ中将と交代することになった。

マッカーサーの車は19発の礼砲とどろくなかを羽田空港に到着した。この時、マッカーサーはある人物を待っていた。昭和天皇である。吉田首相とゆっくりと堅く握手を交わしながら、マッカーサーは前日の昭和天皇との会談を思い出していた。はじめて会ってから会談は11回に及んだ。

そのときの陛下に対して、マッカーサーの以下のように話している。

「陛下に感謝したい。占領軍の進駐が事なく終わったのも、日本軍の復員が順調に進行しているのも、これ総て陛下のお力添えです。これからの占領政策の遂行にも、陛下のお力を乞わねばならないことは多い。どうかよろしくお願いしたい」

陛下が来ないことはわかっていた。陛下が来たら群衆がより多くなり収拾がつかなくなる。そういうことをされないのが陛下だ。元帥夫人は、いつまでも手を振って別れを惜しんでいた。いよいよ出発の時刻が迫った。見送るリッジウェイ中将、愛機バターン号は静かに日本を離れ、一路アメリカに向かった。

帰国後、すぐに、彼は上下院の合同会議に出席した。そこで、退任演説をしている。その時話した言葉が「老兵は死なず、ただ消え去るのみ」である。

ただ、忸怩《じくじ》たる思いは残った。それから4年後、日本から外相の重光葵《しげみつまもる》がマッカーサーを訪ねた。マッカーサーは感傷的に日本占領時代を回想し、昭和天皇との初会談の様子を話した。そして、極東国際軍事裁判は失敗であったと悔やんだという。マッカーサーには、陛下と初めて会った時、「私はどうなってもいい、国民を助けてほしい」と言った顔が浮かんでいた。

歴史

40

# 君の名は

## 女湯をからっぽにしたラジオドラマ

昭和27（1952）年
4月10日

「君の名は」が放送開始されたのは1952年4月10日。「番組が始まる時間になると、銭湯の女湯から人が消える」とまで言われ、大ヒットになった。

しかし、始まって半年ほどは、ほとんど人気がなかった。脚本家の菊田一夫が人々の戦争体験を主題にして、シリアスにドラマを描いたからだった。

菊田は社会派ドラマを作りたかった。

しかし、戦災孤児の氏家真知子《うじいえまちこ》と戦争未亡人の息子の後宮春樹《あとみやはるき》とのスレ違いの恋愛ドラマとなると、一気に女性たちの人気に火がついた。

真知子と春樹が再会しそうになると、不都合が起きてなかなか会うことができない。この「会えそうで会えない」というジレンマがラジオを聞く女性の心をつかんで離さなかった。

彼らが会おうと誓い合った数寄屋橋は男女の待ち合わせ場所として大人気になった。多くの女性が「真知子巻き」をして数寄屋橋に立っていた。

毎回冒頭に流れる。語りとメロディーも乙女心をくすぐった。

「忘却とは忘れ去ることなり、忘れ得ずして忘却を誓う心の悲しさよ」という加藤幸子の語りと、古関裕而《こせきゆうじ》作曲のハモンドオルガンのメロディーは心に響いた。

1952年から54年にかけて、ラジオドラマの人気を受けて、脚本家菊田によ る小説版が新聞に掲載され、のちに出版されてベストセラーになった。

1953年には松竹で映画化される。これも大ヒットとなった。岸恵子演じる真知子は、頭から頭巾のようにストールをまいて首の下で交差させる「真知子巻き」を見せた。これが先に書いたように大流行する。

岸は北海道ロケがあまり寒かったため、耳を隠そうと思って持っていたストールをほおっかむりしたら、監督がこれだとひらめき、採用されたものだという。

現在、真知子と春樹が会った数寄屋橋はない。菊田の筆による「数寄屋橋此処にありき」の小さな石碑が数寄屋橋公園に残っている。

歴史

41

# 三井鉱山解雇反対闘争

## 英雄なき113日の闘い

昭和28（1953）年
8月7日

8月7日、スト規制法（電気事業及び石炭鉱業における争議行為の方法の規制に関する法律）が公布された。前年にサンフランシスコ平和条約が発効され、日本は独立を回復した。しかし、この独立は日本が西側諸国の一員として生きていくことを表していた。そして、それは日本列島がアメリカにとってソ連と中国の防波堤となることを意味する。そのため、アメリカの政策も終戦直後に見せた「民主化」ではなく、資本主義の発展に力を入れていた。スト規制法もそのひとつで、労働者の闘いを規制し日本の資本主義を確固たるものにしようとした。

スト規制法が公布された日の午前9時、三井鉱山の会社側は石炭不況を理由に6739人にものぼる大量人員整理案を組合側に提示した。

それは、20日から22日の間に希望退職者を募り、整理案に満たない場合は28日に退職勧告を行い、さらに組合側が応じない時は解雇するという強硬なものだった。実際、整理案に満たなかったため、３４６４人に退職を勧告し、それに従わない２７００人を指名解雇した。

もちろん、会社側がここまで強硬な姿勢をみせるのはこの日公布されたスト規制法があったからだ。

さらに、朝鮮特需が終わって、急激に石炭の需要が下がった。さらに輸入炭の増加や重油への燃料転嫁が重なり、中小鉱山は休業・廃業を余儀なくされていた。三井鉱山も生産効率の悪い炭鉱は閉鎖して、優良な鉱山に人員を注力しようとした。しかしそれは、解雇だけでなく優良鉱山に残った労働者の労働強化にもつながる。これに対して、組合側はすぐに闘争段階突入指令を発令。会社の措置に反発した労働者と会社事務員はともに指名解雇に反対しストライキに突入した。

そして、地域ぐるみ家族ぐるみの闘いを展開した。戦いは長期にわたった。しかし、労働者たちはあきらめなかった。１１３日目、ついに解雇撤回を勝ち取った。この勝利は「英雄なき１１３日の闘い」として後々まで語られることになる。

歴史
42

## マリリン・モンローが来日
### 新婚旅行で日本に立ち寄った二人

昭和29（1954）年
2月1日

1954年1月14日に結婚した女優のマリリン・モンローとアメリカ大リーグ野球の元大スター選手ジョー・ディマジオが、2月1日、新婚旅行で初来日。滞在期間中は二人をひと目見ようと行く先々に多くのファンが集まり、宿舎にまで1000人以上が詰めかけて大混乱。

新婚旅行中もマリリンはそのわがままぶりを発揮。ジョーの記者会見なのに、ほとんどマリリンがしゃべってしまう。

野球にまったく興味のないマリリンは、ジョーが野球で行事に参加していると、暇を持て余して米軍の慰問で韓国に行ってしまう。ジョーはそんなマリリンに怒るが、マリリンは知らん顔。

結局二人は、来日から8カ月後に離婚してしまった。

マリリン・モンロー（写真／アフロ）

歴史 43

# ゴジラ登場

## 核が生み出した時代の申し子

昭和29（1954）年
11月3日

この日、東宝の特撮怪獣映画『ゴジラ』が公開された。今日まですでに半世紀以上たっているが、いまだに人気は衰えず、新作が作り続けられている。

第一作目は、当時、社会問題なっていたビキニ環礁での核実験から着想を得て製作された。

『ゴジラ』は身長50ｍ。巨大な体で東京の街を破壊していく。水爆実験で目を覚まして、口からは放射能をまき散らす。まさに「核の落とし子」「人間が生み出した恐怖の象徴」として描かれた。

この特撮を担当したのが円谷英二《つぶらやえいじ》。さまざまな技法を使ってゴジラを登場させた。彼は、この『ゴジラ』で、日本の特撮レベルの高さを示した。

興行収入も大きく1・6億円。現在でいえば29億円に近く、大ヒットだった。

『ゴジラ』（1954年）のポスター

# 第四章

# 昭和30年（1955）～昭和39年（1964）

【主な出来事】

1955（昭和30）年　原子力基本法成立
1956（昭和31）年　日ソ共同宣言、国際連合加盟
1957（昭和32）年　国連安全保障理事会非常任理事国に当選
1960（昭和35）年　日米新安全保障条約調印
1961（昭和36）年　農業基本法成立
1962（昭和37）年　日英通称航海条約調印、貿易の自由化始まる
1964（昭和39）年　国鉄新幹線運行開始、東京五輪開催

歴史

44

自民党vs社会党の政治体制

# 55年体制がスタート

昭和30（1955）年
11月15日

1951年のサンフランシスコ講和条約をめぐって、左右に分裂した社会党が1955年10月13日の党大会で再統一を決定した。

51年当時は、社会党左派が講和条約反対、右派が賛成で分裂した。その後、保守政権が労働組合を弾圧したり、改憲を推し進めたりすると、「護憲、安保反対」の社会党左派が議席を伸ばすようになる。

一方、社会党右派は、左派ほどの明確な主張ができず宙ぶらりんで議席数を落としていた。ちょうど保守も分裂している状況で、社会党左派と右派の統一がなれば、政権も奪取できる状況が生まれていた。

一方、保守派勢力は戦前の政友会と民政党のながれのまま分裂していたが、社会党の統一に危機感を覚えた財界から保守合同せよの圧力がかかるようになる。

11月15日午後1時20分、それまで反目を続けていた自由党と民主党が合同、「自由民主党」としての結党大会が、東京・神田の中央大学講堂で開かれた。

衆参両院議員、地方代表ならびに一般招待客、約１５００人が出席。ここに衆議院議員２９８名、参議院１１５名の戦後最大の政党が誕生した。55年体制は、常に過半数を占める自民党と万年野党の社会党のバランスの上に成り立っていた。社会党としては憲法改正をさせないための最低条件、３分の１以上の議席が確保できればよく、自民党も改憲を綱領にかかげつつも、政権が維持できればよかった。政権さえ維持できれば、中ソの防波堤として日本列島を維持できる。55年体制は自民党と社会党が、ある時は癒着しある時は反発しながら38年続いた。

しかし、それもソ連崩壊によって大きく変わる。共産主義が崩壊することで一気に左翼への幻想が崩れ、社会党の崩壊が始まり、一方、保守が分裂する。

そして、１９９３年、衆議院選挙において自民党が分裂し過半数割れ、社会党が惨敗となるなか、多数誕生した新党が議席を伸ばし、非自民連立政権の細川護《もり》熙《ひろ》内閣が誕生する。これによって、38年の長きにわたった55年体制は終わった。

歴史

45

# 石原裕次郎デビュー

## 『狂った果実』『嵐を呼ぶ男』で人気絶頂へ

昭和31（1956）年
5月17日

大学在学中から俳優を目指していた石原裕次郎。東宝と大映、日活のオーディションを受けたがなかなか受からなかった。不良っぽい感じがNGだった。そんなとき、兄の石原慎太郎が、『太陽の季節』で芥川賞を受賞。同作を日活が映画化するにあたって、映画プロデューサー・水の江瀧子と兄・慎太郎の推薦で、はじめて映画デビューした。最初の作品は端役だった。

その後、石原は日活と契約。1956年、同じく慎太郎原作の『狂った果実』では初主演。この時、歌手デビューも果たしている。同作は石原の出演作でも評価も高く、なおかつ人気も沸騰した。この人気を受けて、石原は大学を中退した。1957年には、映画『俺は待ってるぜ』、『嵐を呼ぶ男』などが軒並み大ヒット、人気は絶頂へ。1958年『勝利者』でブルーリボン賞新人賞も受賞。

『狂った果実』のーシーン

歴史

46

「もはや戦後でない」が話題に

# 「56年経済白書」発表

昭和31（1956）年
7月17日

戦後もっとも有名な経済白書の言葉は「もはや戦後ではない」だろう。7月17日、経済企画庁は『1956年経済白書』を発表した。

その経済白書には以下のように書かれていた。

「戦後日本経済の回復の速やかさには誠に万人の意表外にでるものがあった。それは日本国民の勤勉な努力によって培われ、世界情勢の好都合な発展によって育まれた。しかし敗戦によって落ち込んだ谷が深かったという事実そのものが、その谷からはい上がるスピードを速やからしめたという事情も忘れることはできない。経済の浮揚力には事欠かなかった。（中略）

消費者は常にもっと多く物を買おうと心掛け、企業者は常にもっと多くを投資しようと待ち構えていた。いまや経済の回復による浮揚力はほぼ使い尽くされた。

（中略）

もはや『戦後』ではない。我々はいまや異なった事態に当面しようとしている。回復を通じての成長は終わった。今後の成長は近代化によって支えられる。そして近代化の進歩も速やかにしてかつ安定的な経済の成長によって初めて可能となるのである」

この経済白書に対する評価は、いまでも大きく分かれている。ひとつは、これからの日本経済の発展を予測して、バラ色の未来を描くものという解釈。もうひとつは、戦後の復興の果実がもうなくなってしまったのだから、これからは気を引き締めて日本経済を発展させなければいけないという戒めの言葉としての解釈である。

政府は、どちらかと言えば、後者を取っていた。しかし、日本経済は高度経済成長に向けて突っ走っていく。ちなみに、この白書の執筆担当課長は後藤誉之助《よのすけ》だった。彼はキャッチフレーズ作りの名人として有名だった。

歴史

47

# ボリショイ・バレエ団初来日

## 世界レベルの実力を見せつけた1カ月間

昭和32（1957）年
8月28日

8月28日、世界最高峰といわれたソ連のボリショイ・バレエ団が、東京・新宿コマ劇場にて日本初公演。この日のチケットは1年前から売り出されていたが、すぐに完売した人気ぶりだった。ボリショイ・バレエ団はモスクワにあるボリショイ劇場が拠点のバレエ団。1776年設立の世界最古のバレエ団のひとつである。国際的に有名になったのは、ソ連ができてモスクワが首都になってから。

日本公演には、当時の世界的プリマ、オリガ・レペシンスカヤをはじめ50人以上の来日。約1カ月間、日本に滞在し新宿コマ劇場、大阪宝塚劇場にて公演を行った。『白鳥の湖』より第二幕、『バフチサライの泉』より第三幕、『コッペリア』『ワルプルギスの夜』『春の水』など約35演目を上演。日本の観客やバレエ関係者に「本場の実力」を存分に見せつけて帰国の途についた。

歴史 48

〝ドラマのＴＢＳ〟の礎を築いた金字塔

# 「わたしは貝になりたい」

昭和33（1958）年10月31日

ドラマの冒頭、東條英機が判決を言い渡される実際の極東国際軍事裁判の映像を使ってリアリティを出した「私は貝になりたい」。後のＴＢＳであるラジオ東京テレビ（ＫＲＴ）が１９５８年10月31日22時から23時40分にかけて放送した「サンヨーテレビ劇場」のテレビドラマである。

１９５３年、ＮＨＫがテレビの本放送を開始してから5年目のテレビドラマの金字塔となった。当時はテレビの草創期。力道山が空手チョップで一世を風靡し、55年からは神風景気で家電が急激に普及しだした。テレビ、冷蔵庫、洗濯機は「三種の神器」といわれた。

テレビ界はさまざまなアイディアを生まれ活性化した。そんな時代に制作され、大きな反響を呼んだ作品である。この作品は、〝ドラマのＴＢＳ〟の礎となったドラマとして日本のテレビ史に語り継がれている。

## 実話をもとに制作された

ドラマはフィクションであるが、元陸軍中尉・加藤哲太郎の獄中手記「狂える戦犯死刑囚」の遺書部分をもとに創作された。

脚本は、橋本忍。黒澤明監督の映画の脚本を共同で書いたことで知られる。第二次世界大戦中に上官の命令で捕虜を刺殺した理髪店主が、戦後B級戦犯として逮捕され処刑されるまでを描く。

演出は岡本愛彦。主演はフランキー堺だった。第13回文部省芸術祭芸術祭賞を受賞している。

主人公の清水豊松は、気の弱い平凡な理髪師。戦争の激化によって召集される。ある日、撃墜したB－29の搭乗員が裏山に降下した。山中を探索すると搭乗員は虫の息だった。隊長から搭乗員を殺すよう命じられるが、気の弱い豊松は殺すことができず、銃剣でついて負傷させただけだった。

戦後、豊松は帰郷し理髪店で働いていた。そこへ特殊警察が現れ豊松をＢＣ級戦犯として逮捕する。捕虜である搭乗員を殺害した容疑だった。彼は殺してないと主張するが、死刑を宣告された。

## 「わたしは貝になりたい」の遺言

豊松は、処刑の日を待ちながら、「もう人間には二度と生まれてきたくない。こんな酷い目に遭わされるのなら牛や馬の方が良い。いや、牛や馬になってもきっとまた人間に酷い目に遭わされる。いっそのこと深い深い海の底の貝に……。そうだ、貝が良い。どうしても生まれ変わらなければいけないのなら、深い海の底で戦争も兵隊も無い、家族を心配することもない、私は貝になりたい」と遺書を残すのだ。

歴史 49

昭和33（1958）年2月8日

## ロカビリー旋風巻き起こる
# ウエスタンカーニバル開催

この日、有楽町の日劇は夜明け前から異様な熱気に包まれていた。2000人以上の若者が集まり、始まりを待っていた。

主役は山下敬二郎、平尾昌晃、ミッキー・カーチスのロカビリー三人男。ステージが始まった。派手な背広と細いマンボズボンの姿で、8ビートに乗った激しい演奏を繰り広げる。ギターを手に激しく体をゆすって踊る姿に観客の女性たちは黄色い歓声をあげ、紙テープを投げた。ステージは紙テープで染められた。

この時期はまだ、ロックンロールやカントリーウエスタン、リズム&ブルースが未分化の時代。エルビス・プレスリーに影響を受けて始まった音楽はロカビリーと呼ばれた。カーニバルは初日だけで9500人、1週間の合計で4万5000人を集める大熱狂に包まれた。

歴史

50

## ミッチー・ブーム到来
# 皇太子婚約者発表

昭和33（1958）年11月27日

軽井沢でテニスをするお二人に誰もが憧れた。スマートな皇太子に、可憐な姿の美智子さま。お二人の笑う姿に、女性たちは胸をときめかした。

11月27日、皇室会議はかねてから候補にあげられていた正田美智子さんを皇太子妃にすることを承認、発表した。美智子さんは日清製粉の社長・正田英三郎の長女で聖心女子大を卒業した初めての民間からの皇太子妃だった。

テニスコートでの出会いから始まった二人のロマンスは「自由恋愛」の象徴となり、美智子妃は「昭和のシンデレラ」となった。

美智子妃は、ヘアバンド、プリンセスライン、Vネック、カメオブローチなどまさしくファッションリーダーだった。ミッチー・ブームが女性たちを席巻した。いまでも美智子妃のファッションは同時代の女性の憧れとなっている。

歴史

51

# 東京タワー完成

## 世界一の高さを誇るタワーだった

昭和33（1958）年
12月23日

誰もが上を見上げてその高さに目を見張った。地上333m、東京タワーがこの日、東京都港区芝公園に完成した。

地上333mは、当時パリのエッフェル塔を超えて、世界一の高さを誇る塔であった。まさに東京のシンボル、富士山と並ぶ日本の誇りだった。

東京タワーの創設者は日本工業新聞（現・産経新聞）の創業者・前田久吉《ひさきち》、設計は耐震設計の父、塔博士といわれた内藤多仲《たちゅう》。総工費は約30億円、1年半、延べ22万人の人員をかけて作り上げられた。

正式名称は日本電波塔。東京にある7つのテレビ局の発信、中継の拠点として建てられた。その後、東京タワーは東京のシンボルとして新たな名所となり、東京人のランドマークタワーとなった。

歴史
52

## 極寒の南極に取り残された犬たち 生きていたタロとジロ

昭和34（1959）年
1月14日

高倉健主演で映画『南極物語』にもなったカラフト犬のタロとジロ。極寒の南極で生き抜いた。

1957年に日本は初めて南極を観測するために越冬隊を派遣した。その第一次越冬隊は昭和基地を建設し、翌年第二次越冬隊と交代するはずだった。しかし、氷の状態と悪天候が彼らを見舞った。

第一次越冬隊はカラフト犬を連れて行った。南極を観察するには犬ぞりが必要になる。その犬ぞりをひっぱる犬として、カラフト犬は必要だった。彼らは非常に優しくて力があった。二人の飼育係のもと、犬は南極隊員のために必死に働いた。

第一次越冬隊は、第二次越冬隊と代わるにあたって、15頭のカラフト犬たちを鎖につないで基地に置いていった。彼らは、基地をカラフト犬だけにする時間は、交代する間の数時間だと思っていた。

しかし、南極の悪天候は続いた。１９５８年、第二次越冬隊を乗せた南極船「宗谷《そうや》」は米国の破氷船バートン・アイランド号に先導されて南極に接岸していたが、そのバートン・アイランド号があまりの悪天候に、南極から離れることを決めた。

「宗谷」も第二次越冬をあきらめ、南極を離れざるをえないことになった。必死にカラフト犬の救助を、飼育係の二人は頼むが、助ける時間はなかった。

それから、１年後、二人は第三次越冬隊にいた。１９５９年1月14日、越冬隊は昭和基地にたどり着いた。二人はすぐに犬たちを探した。しかし、鎖につないだはずの15頭はいない。

周りを見渡すと、２頭の犬が走ってくる。タロとジロだった。極寒の南極を生き抜いていたのだ。

二人に飛びつくタロとジロ。尻尾を思いっきり振ってとびかかってくる。二人の頬から大粒の涙が流れた。「ごめんなタロとジロ、ありがとうタロとジロ」。

歴史
53

## 東洋人として初めて世界一の美女に輝いた
# 児島明子ミスユニバース

昭和34（1959）年
7月24日

7月24日、第8回ミスユニバース世界大会がカルフォルニアのロングビーチで開かれていた。日本代表は児島明子。東京生まれのファッションモデルで22歳。身長168cm、体重55kg。B93、W58、H97。当時の日本人としては抜群のスタイルをしていた。最終の審査が終わり、結果が発表される。5位、4位、3位と上位入賞者が発表されていく。残りは二人。2位はノルウェーの女性だった。そして優勝者が発表される。「アキコ　コジマ！」。名前が呼ばれた。少し期待はあったが、まさか優勝するとまでは思っていなかった。日本人が初めて世界一の美女に輝いた瞬間だった。その後の挨拶では、たどたどしい英語で、夢は「かわいい妻になりたい（「to make a lovely wife)」と話した。そして、さりげなく5年後の東京五輪をアピールした。

歴史

54

## マイカー時代の象徴、幸せの青い鳥

# 日産ブルーバード発売

昭和34（1959）年
8月1日

この日、日産は満を持して新型車を発表した。総排気量1189cc。欧米の乗用車にも劣らぬ高性能の車、「ダットサン・ブルーバード」である。

最初、この車の名前は「スノーバード」に決まりかけていた。しかし、この言葉はアメリカの薬物中毒者を指す俗語とわかってやめた。

この当時、日本の自動車産業は、外国のノックダウン生産から徐々に国内生産に変わっていた。ノックダウン生産とは部品を輸入して組み立てだけする下請けのこと。しかし、始まっていた国内生産の車は、頑丈が取り柄だけの武骨な車だった。

そこにブルーバードが登場。名前もスタイルも、耐久性も運転性能もよく、大人気車種となった。まさに幸せの青い鳥だった。

歴史 55

# 安保闘争

## 樺美智子さんが警官の暴行で死亡

昭和35（1960）年
6月15日

岸信介内閣は日米安保条約の改定を進めていた。しかし、日米安保条約の改定による日米軍事同盟の強化は、ソ連や中国を刺激し、戦争につながると反対勢力は、その阻止に全力をあげた。6月15日、安保条約反対を叫ぶ全学連主流派は、改定阻止を目指して国会議事堂に突入した。

この日午前中は静かだった。総評を中心とした労働者のデモ隊の数は多かったが、大きな混乱もなく終わった。

しかし、夕方になる状況は一変した。参議院第二通用門付近にいた全学連反主流派と労組、新劇人などのデモ隊に対して、児玉誉士夫率いる右翼の維新行動隊が突っ込んだ。

これに対して、8000人を動員して国会へのデモを行っていた全学連主流派の怒りは爆発した。全学連反主流派のデモは、女性参加者が多いデモ隊だった。そこを右翼のくせに卑怯にも弱いところを狙い撃ちした。怒りは過激な行動に変わった。全学連主流派のデモ隊は、ちょうど衆議院南通用門前にいた。彼らは国会への突入を開始した。

国会に突入に成功すると学生たちは中庭で気勢を上げた。しかし、3時間後、警官隊による排除が始まった。排除は凄惨極まるものだった。逃げる学生を棍棒で殴り、催涙弾を発射し、倒れた者を容赦なく逮捕していった。

これによって、負傷者は重傷者43人を含む589人、逮捕者は182人にのぼり、犠牲者も一人出た。

その一人にあたるのが樺美《かんば》智子さんだった。彼女の目にはひどいうっ血があった。これは首を絞められた跡だった。ひどい膵臓出血もあった。これは警官に踏みつけられたものだった。警察の暴行による死だった。

樺美智子さんの死は、多くの学生にショックを与えた。そして、彼らの行動をより過激にしていったのだ。

歴史 56

# ローマ五輪

## 日本体操男子団体、悲願の金

昭和35（1960）年
8月25日

8月25日、第17回ローマ五輪が開催された。参加国は83カ国、参加人数は5348人と巨大なオリンピックだった。

なおかつ、ローマの歴史をアピールするオリンピックでもあった。マラソンはアピア街道を走る、レスリングはマクセンティウス会堂とローマ帝国時代の遺跡を見せつけた。

そして、体操の会場は、これまたローマ帝国時代の遺跡、カラカラ大浴場だった。ここで日本の男子体操人は大活躍を見せた。小野喬を中心に団体が金を獲得。彼は個人総合でも銀をとり、種目別鉄棒と跳馬でも金をとっている。

この大会での男子体操陣のメダルは金3つ、銀2つ、銅2つ。日本の総メダル数18のうち3分の1以上を占めた。金だけでいえば4つのうち3つだった。

歴史

57

## ガガーリンはいった「地球は青かった」

# 人類初の有人宇宙飛行

昭和36（1961）年
4月12日

この時代、米ソは覇権争いをしていた。それは地球だけではなく宇宙にも広がっていた。宇宙開発に先んじたのはソ連だった。モスクワ時間の午前9時7分（日本時間午後3時7分）、ユーリー・ガガーリンを乗せた人工衛星「ボストーク（東方）1号」が西シベリアのバイコヌール宇宙基地から発射された。

発射されたボストーク1号は地球を一周したのち、午前10時55分（日本時間午後4時55分）、ロシア共和国サラトフ州スメロフカ村の農場に着陸した。

このボストーク1号に乗っていたガガーリンは地球を見た感想を聞かれて、「地球は青かった」と答えた。この言葉は全世界に配信された。もちろん日本にも送られてきた。日本でも宇宙開発が始まっている。宇宙船に乗ったものは、これから誰もが、「地球は青かった」と言うだろう。ガガーリンの真似をして。

歴史
58

## ヨット太平洋単独横断

堀江謙一青年、太平洋ひとりぼっち

昭和37（1962）年
8月12日

この時代は誰もがトップを目指し、世界に認められることを目指していた。堀江謙一青年もその一人であった。8月12日午後6時30分、一隻の小型ヨットがサンフランシスコ湾のゴールデンゲートをくぐって湾内のヨットハーバーに着いた。そのヨットの名前はマーメイド号、舵をにぎるのは堀江謙一だった。5月12日に兵庫県西宮のヨットハーバーを出発して以来、93日目の到着だった。高校入学以来、夢見ていた太平洋横断に成功した。日本人初の単独太平洋横断だった。堀江は23歳、夢から8年が過ぎていた。

堀江はパスポートを持っていなかった。太平洋横断だから必要ないと思っていた。しかし、パスポートがなければ、日本国から見れば不法出国にあたる。だが、アメリカ人には関係なかった。彼の栄誉を称え、30日間の滞在許可を許したのだ。

歴史

59

## ビルボード1位「スキヤキ」

アメリカ人の心をとらえた坂本九の歌

昭和38（1963）年
6月15日

アメリカで「スキヤキ」と名付けられた坂本九の「上を向いて歩こう」。この日、アメリカのヒットチャートであるビルボード・トップ100の1位に輝き、その後3週間にわたって1位を続けた。ビルボード1位になるのは、日本人として初の快挙であった。ロックンロールが大流行していたアメリカであったが、一方で、アメリカ人は坂本九の素朴な歌に新鮮さを感じた。

作詞永六輔、作曲中村八大、歌うは坂本九。「六・八・九トリオ」と言われた3人が作り上げた歌は、アメリカで100万枚を突破し、アメリカ公認のゴールド・レコードとなる。その後、1981年にアメリカのロック・グループが歌って、再度ミリオンセラーとなった。でも、タイトルが「スキヤキ」なのは、ちょとなあ。BTSの歌に「ビビンバ（プ）」って付けるのと変わんないじゃないか。

歴史
60

日本のバイクが全クラスを制覇
# オートバイ世界選手権上位独占

昭和38（1963）年
11月10日

　戦後日本を作ったメーカーのトップたちは、常に世界一を目指していた。それが達成された時こそ、真の日本が復興した日だった。オートバイとクルマの発展に人生のすべてを注いだ本田宗一郎は、日本のオートバイの素晴らしさを世界に知らしめるには、オートバイ世界選手権で1位をとることが必要だと考えた。

　11月10日、日本の鈴鹿サーキットで、この年のオートバイ世界選手権最終戦が行われた。日本で開催される最終戦ということで全国からバイクファンが集まった。レースは50cc、125cc、250cc、350ccの計4種目で行われた。

　そして、優勝はすべて日本車、125ccがスズキで、あとはすべてホンダ車だった。ただし、残念なのは、優勝ライダーがすべて外人だったことだ。日本のライダーの技術が車に追いついていなかった。

歴史
61

# 東海道新幹線開業

東京―新大阪を4時間で結んだ「夢の超特急」

昭和39（1964）年
10月1日

東海道新幹線は東京から新大阪を結ぶ東海道の大動脈である。現在は「のぞみ」を筆頭に「ひかり」と「こだま」が走る。のぞみに乗れば、2時間半で東京から新大阪まで行ける。この東海道新幹線が開通したのが1964年10月1日。この時は4時間で両駅間を結んでいる。

東海道新幹線が計画されたのは戦前であった。1939年に「弾丸列車」として計画されたが、戦争によって中断された。

再度計画されたのは、戦後の1957年。東海道の輸送が増大したため、国鉄幹線委員会が東海道新幹線推進を答申。翌59年4月20日に新丹那トンネル熱海口で起工式が行われた。

ちなみに、この新丹那トンネルの横には、東海道本線の丹那トンネルがある。

熱海と三島を結ぶトンネルだ。このトンネルの上には丹那神社があり、そこには救命石が祀られている。

なぜ、この石が救命石なのか。これは、丹那トンネルの工事で出た残土を、トンネルの外に運び出そうとしたときに邪魔になった石だ。一人では運び出せないので、手伝おうとして、外に出ようとしていた人も現場に戻ってきた。

そのときだ。入り口付近で大崩落が起きた。中にいた人は閉じ込められてしまった。それでも、奥に引き返していたから、大崩落には遭わなくて済んだ。その後、奥に閉じ込められた人は助け出された。

それから、この石は救命石と呼ばれるようになった。中に引き返すきっかけと作ってくれたからだ。

丹那神社には、丹那トンネルの工事で亡くなった犠牲者の慰霊碑もある。犠牲者は67名。大きな事故は6回起きており、重傷者の数は610名にも及んだ。工事の歳月は16年かかっている。

東海道新幹線の起工式が新丹那トンネルのこの場所で行われた背景にはこんな

ことがあったのだ。

幸い新丹那トンネルの工事では、大きな事故は起きていない。工期も4年半で終わっている。それも、すべて丹那トンネルの教訓が生かされたからだった。水の出る場所、危ないところはすべてわかっていた。さらに、先の工事で地下水の多くは流れ出していた。

## 新幹線は新丹那トンネルを数分で通過した

10月1日午前6時、東京駅の9番ホームから、ブラスバンドの華やかなマーチに送られて「ひかり1号」が発車した。そのひかりは熱海を抜けると、新丹那トンネルを数分で通過していった。

歴史
62

# 東京五輪開幕

## 東洋の魔女が金メダル

昭和39（1964）年
10月10日

当時、史上最高の94カ国、7495人が参加した日本での初めての開催になったオリンピックが、64年東京五輪だ。10月10日午後2時開幕した。日本全国をつないできた聖火は最終ランナーの坂井義則に渡されて、国立競技場の階段を駆け上がって行く。そして、聖火台に火が灯された。15日間の競技が始まった。

競技種目は当時史上最多の20競技、163種目が行われた。その中で、日本人は金メダル16個、銀メダル5個、銅を8個獲得した。

金メダルは体操男子の団体、個人、種目別。レスリング男子、ウエイトリフティング男子、柔道男子、ボクシング男子、そしてバレーボール女子だ。

いまでも日本のお家芸になっている。そのなかでも最も注目されたのがバレーボール女子だった。名将、大松《だいまつ》博文監督のもと鬼の大特訓をして「東洋の魔女」

と呼ばれた。1日10時間の練習は当たり前だった。この時生み出された回転レシーブは、その後のバレーボール選手の最も真似た技だった。

すでに実力は世界一だったが、決勝の相手は、「赤い旋風」と呼ばれたソ連チーム。1、2セットを連取し、3セット目14－13と大接戦を繰り広げていた。サーブは日本、コートに上がるボール、それに触ろうとしたソ連選手の手がネットを越えた。オーバーネットだった。日本は勝利。どの選手もどの選手も涙だった。

この東京オリンピックで日本マラソンは銅メダルをとっている。円谷《つぶらや》幸吉選手だ。前回ローマ五輪でも優勝したアベベに続いて国立競技場に入ってきた円谷は、すでにふらふらだった。観客は円谷に大声援を送る。すぐ後ろをドイツの選手が近づいてくる。円谷への応援は耳をつんざくほどになった。

しかし、円谷は力尽きた。抜かれてしまった。だが、堂々の銅メダルだった。

その後、円谷は自殺する。次のメキシコ五輪を目指していたが、椎間板ヘルニアで走れなくなった自分を許せなかった。遺書に書かれた「おかあさん、おいしいおにぎりをありがとうございました」の言葉は今でも日本人の心に残っている。

東京オリンピック（1964）のポスター（写真：アフロ）

# 第五章

# 昭和40年（1965）〜昭和49年（1974）

【主な出来事】

| | |
|---|---|
| 1965（昭和40）年 | 日韓基本条約、佐藤首相が沖縄訪問<br>国連安全保障理事会非常任理事国に当選 |
| 1966（昭和41）年 | 日ソ航空協定締結 |
| 1967（昭和42）年 | 太平洋経済委員会設立 |
| 1968（昭和43）年 | 小笠原諸島日本復帰 |
| 1969（昭和44）年 | 大学紛争が各大学に広がる |
| 1970（昭和45）年 | 核拡散防止条約調印、日本万国博覧会<br>日米安全保障条約自動延長 |
| 1971（昭和46）年 | 沖縄返還協定調印 |
| 1972（昭和47）年 | 沖縄復帰、田中首相、中国訪問で国交正常化、飛鳥高松塚古墳壁画発見、札幌五輪開幕 |
| 1973（昭和48）年 | 円の変動為替相場制移行 |
| 1974（昭和49）年 | 日中航空協定調印 |

歴史

63

## イリオモテヤマネコ発見

### 西表島で見つかった「生きた化石」

昭和40（1965）年
3月14日

日本には対馬《つしま》と西表島《いりおもてじま》に日本固有のヤマネコが存在している。特に西表島に住むイリオモテヤマネコは約1000万年前の原始的ヤマネコの特徴を備え、「生きた化石」とも言われる。西表島は日本の最南端に近い沖縄の八重山諸島にある。人家が多く栄えている石垣島からも離れており、マングローブが生い茂り、自然が手つかずに残る場所だ。そのため、固有の動植物たちが多く存在している。

このヤマネコの存在を見つけたのは、動物作家の戸川幸夫だ。彼が西表島からイリオモテヤマネコの毛皮と頭蓋骨を持ち帰った。そして、国立科学博物館の今泉吉典博士に鑑定を依頼し、この3月14日に新種であることを明らかにした。

現在、西表島にイリオモテヤマネコは100頭ほどが存在しているといわれている。しかし、西表島では幹線道路が島の半分を走り、観光客も多く交通事故が絶えない。現在、島では交通事故を防ぐため、道路の下にネコの道を作っている。

イリオモテヤマネコの生態はまだ、謎に包まれている部分も多いが、かなり研究も進んでいる。それはケイ太と名付けられたイリオモテヤマネコがいたからだ。

１９７９年、ケイ太は親とはぐれた赤ん坊の時に見つけられた。親が交通事故で死んで一人（匹）ぼっちになったに違いなかった。瀕死の状態だったため、沖縄の那覇まで飛行機によって緊急搬送され、「沖縄こどもの国動物園」にあずけられた。

まだ、幼かったから、飼育係の比嘉源和はミルクをあげ食事を与えた。さらに、将来は野生に返そうと考え、ヒヨコなどの生餌も与えた。ある時、比嘉はケイ太が水の中を泳いでいる姿を見て驚いた。

通常、ネコ科動物は水を嫌がる。いまでは、ネコ科動物でも水を怖がらない種や個体がいることがわかっているが、当時は違った。

そこで、比嘉は水槽にエサとなる魚を入れて、ケイ太を観察した。するとケイ太は水に潜って魚を獲ったのだ。新たな発見だった。

西表島は亜熱帯地方にある。そのため、雨も多く降り、小川がいたるところにある。一方、陸上で生息する動物たちは多くない。いったいどうやってイリオモテヤマネコは獲物を確保しているのか、一つの謎であった。それが解明できた。魚を食べていたのだ。

## 沖縄こどもの国に残るケイ太の剝製

その後、ケイ太の研究からさまざまなことが明らかになった。そして13年の時が流れた。ケイ太は一般の人にも公開され、野生に返すチャンスはなくなった。1992年、ケイ太は13歳になっていた。人間でいえば80歳だ。食欲が減り、体重が減った。そして、1992年10月9日午後5時49分、息を引き取った。

比嘉は亡くなったケイ太と一緒に最後の写真を撮った。その写真はいまでも沖縄こどもの国にのこる。ケイ太の剝製とともに。

歴史
64

## ビートルズ来日

### 興奮して失神するファンが続出

昭和41（1966）年
6月29日

いまでも、世界の音楽シーンに多大な影響を与えているビートルズ。その来日は1966年6月29日午前3時だった。羽田空港にビートルズを乗せた日航機が到着した。タラップに降りてくるビートルズを見て、多くのファンが一瞬息をのんだ。そして大歓声をあげた。

4人全員が法被《はっぴ》を羽織っていたのだ。これは日航のいきな計らいだった。当時、日航機には外国人のお客のために法被を用意していた。長いフライトの間に着てもらって日本を感じてもらおうと考えてのことだった。

これをキャビン・アテンダントがジョン・レノンに進めてみた。彼女は会社から、宣伝もあるから、ジョンに着るよう頼んでもらえないかと言われていた。

ジョンの答えはＯＫだった。ジョンも着ていた背広が長いフライトでよれよれ

ビートルズ来日（写真：アフロ）

になっていてちょうどよかった。

ビートルズの来日公演は大成功だった。日本武道館で翌30日から3日間、5回のステージだった。連日超満員。8000枚だけ割り当てられていた読売新聞社だけでも23万人の応募があった。コンサートでは失神する女性も続出し大興奮に包まれた。

しかし、ビートルズは二度と来ることはなかった。このコンサートの4年後解散した。

歴史 65

深夜に花開いた、若者文化

# オールナイトニッポン放送開始

昭和42（1967）年10月2日

いまだに続くオールナイトニッポン。ニッポン放送をキーステーションに1967年10月2日午前1時に始まった。「ビター・ウィート・サンバ」のオープニング曲が流れ、軽快なリズムに乗せてパーソナリティーの「オールナイトニッポン」の声が聞こえてくる。多くの受験生の夜の友だった。

当初は「音楽中心、下ネタは絶対やらない」の方針のもと、最初のパーソナリティーは糸居五郎だった。

最初は固い方針のもと、聞いてくれる人がいるのか心配だったが、大成功。番組からは多くのヒット曲や人気タレントが生まれた。しかし、パーソナリティーによって放送の内容は異なり、長い間には下ネタばかりの時代もあったことは伝えておこう。それだけ、個性的なラジオ番組だった。それは今も変わらない。

歴史

66

# 非核三原則

## 曲がりなりにも日本の平和を守った3つの約束

昭和42（1967）年
12月11日

誰でも知っているだろう非核三原則。日本の平和憲法に照らして、核兵器は1、作らず、2、持たず。3、持ち込まず、だ。これを最初に明言したのは佐藤栄作である。この年の12月11日、衆議院予算委員会で、自民党の松野頼三、社会党の成田知巳《ともみ》の質問に答えたものだ。

当時は、小笠原と沖縄のアメリカからの返還が大きな日本の課題であった。特に沖縄に関しては、米軍が所有している核兵器が問題になった。

沖縄を返還するにあたって、アメリカは米軍基地を撤廃することは全く考えていなかった。ベトナム戦争は続いており沖縄からも輸送機や戦闘機が発進していた。ベトナム戦争が終わったとしても、ソ連、中国がある限り、アメリカが前線基地の沖縄を手放すことは考えられなかった。

このことは社会党の左派は別にしても、与党の議員は誰もがわかっていた。しかし、核兵器はどうするのか。これが最大の問題だった。日本は世界で唯一の原爆の被爆国である。さらに、ビキニ環礁での核実験で被害も受けている。核兵器に関しては世界で最も敏感な国である。そこで、佐藤は非核三原則をぶち上げた。しかし、この実現は難しい。作らず、持たず、は日本政府が制御できるが、持ち込まずは、かなり面倒だ。アメリカの原潜や空母が入ってくるときに、わざわざ、途中で核兵器を下ろして、日本に入国することなど普通ではありえない。もし、どこかで紛争が起きていたら、逆に核兵器を下ろすことで危険にさらされる。丸腰しで運行するのと同じだ。

実際、１９７０年以降、ラロック退役海軍少将やエルズバーグ元国防総省職員らによって、「核持ち込み」の実態が証言されている。さらにいえば、日本政府も核兵器はさすがに持っていないだろうが、作ってはいなくても最低限研究はしているだろう。

佐藤の三原則は、「持ち込まず」をごまかすために、実現できている「作らず」

と「持たず」を抱き合わせにした。そして、ひそかに持ち込んでいるのだ。

ただし、まがりなりにも、おおっぴらには、核を持ち込むことはできなくなっているし、外国からの追及があっても持ち込んでいないと言い張ることもできる。少しは平和の役には立っているだろう。佐藤栄作のノーベル平和賞には、それぐらいの価値はある。

歴史
67

## 『巨人の星』『あしたのジョー』『タイガーマスク』etc.
# 第一次スポ根アニメ全盛期

昭和43（1968）年
3月30日

この日から、アニメ『巨人の星』（日本テレビ）が毎週土曜午後7時のゴールデンタイムに登場した。梶原一騎原作、川崎のぼる作画で『週刊少年マガジン』に連載されていた漫画をアニメ化したものだ。

このアニメをリアルタイムで観た少年たちは多くいたはず。いまの60代半ば以降の人は、一度は飛雄馬と一徹と花形と伴を観た覚えがあるだろう。リアルタイムでなくても、再放送がたびたびされていたから、それから下の世代でも観ていると思う。大リーグ養成ギブスを作った人もいるに違いない。

この『巨人の星』を皮切りに、『タイガーマスク』『あしたのジョー』などスポ根アニメの全盛期は続く。すべて、貧しさをバネにして根性を発揮するアニメだった。もちろん、女子向けスポ根の『アタックナンバー1』もあった。

歴史

68

## 反故にされた団交の約束
# 日大全共闘徹夜の団交

昭和43（1968）年
9月30日

午後3時過ぎ、古田重二良日大会頭が現れると、会場は騒然とし、日大講堂（旧両国国技館）全体から、

「古田体制打倒！」「集会の自由を認めよ！」

のシュプレヒコールが沸き起こった。

日大全共闘と日大当局による団交が始まった。団交の原因は、ヤミ給与などによる使途不明金20億円が国税庁の摘発を受けたことにはじまった。そして、それは大学内の民主化要求と結びつき大きなうねりとなった。

日大講堂には日大全共闘ら学生1万人が集まった。周辺には支援の学生2万5000人、さらにはこれを妨害しようとする体育会系の日新会300人をはじめとする800人がいた。

この日の闘いは5月から始まっていた。5月27日に秋田明大を議長とした日本大学全学共闘会議（日大全共闘）が結成され、大学当局との大衆団交を要求して各学部が次々とバリケードストライキに突入していた。

団交は約12時間にわたった。古田会頭は学生たちに頭を下げ、学生自治会の確立と体育会の解散などを約束した4項目と付帯事項1項目の確約書にサインした。

## 破壊された学生の運動

しかし、舌の根も乾かない10月3日、大学側は方針を一転。学生たちの約束を全て反故にした。警察を使って学生たちの闘いを破壊・弾圧した。

秋田議長をはじめ学生の指導者らに対する逮捕状を要求。さらに、機動隊を導入させて、バリケードストをすべて排除した。

そして、学生たちに運動に加わらないとの誓約書をとって、授業を開始したのだ。

これによって、全共闘の運動は全面的に解体されてしまった。

歴史

69

日本人初の文学賞

# 川端康成ノーベル文学賞受賞

昭和43（1968）年
10月17日

この日、王立アカデミーは、ノーベル文学賞を川端康成に贈ることを決めた。ノーベル賞文学賞は日本人で初めての受賞だった。ノーベル賞全体であっても、物理学賞を受賞した二人に続いて三人目だった。文学賞はひとりの作家に贈るため、受賞するのは極めて難しい。日本人では他に大江健三郎がいるだけで、村上春樹も毎年のように受賞が噂されるが、いまだに受賞はない。

授賞理由は、『雪国』や『千羽鶴』、『古都』などの作品で日本人の心の精髄を巧みに描いた功績であった。日本人の伝統的文学が評価されたともいえる。

川端は「各国の翻訳が良かった」「日本の伝統を書いたおかげ」と受賞の感想を述べている。そして、授賞式で行った記念講演のタイトルは「美しい日本の私」。雪・月・花を芸術にまで高める日本の伝統を講演して出席者の感動を誘った。

歴史

70

## 平和を望む声は左右から踏みにじられた
# 新宿の反戦フォーク集会

昭和44（1969）年
6月28日

1969年、国鉄（現ＪＲ）の新宿駅西口地下広場は毎週土曜日の夜になると、若者のたちの熱気で包まれた。「ベトナムに平和を！　市民連合」（べ平連）たちのフォーク集会だった。

当時、ベトナム反戦運動は大きな盛り上がりを見せていた。ただし、全学連の激しい街頭デモや機動隊との衝突を望まない多くの若者たちがいた。

その者たちは、平和の大切さや、ベトナムがいま置かれている状況について、歌を通して多くの人たちに訴えかけた。

ベトナム戦争は共産化を恐れたアメリカが、社会主義国の北ベトナムへの爆撃を開始したことから始まる。日本の沖縄・嘉手納基地からも戦略爆撃機Ｂ52が飛び立っていた。そして、首都圏にある米軍の基地からも燃料や物資が運ばれていた。

ベ平連は、「ベトナムに平和を」、「ベトナムはベトナム人の手に」、「日本政府は戦争に協力するな」と訴えた。

生ギターの伴奏で「友よ」や、「自衛隊に入ろう」の替え歌「機動隊に入ろう」を歌い、スピーチを挟んでまた歌う。

ベ平連の活動家だけでなく、多くの集会に来ていた若者たちは共に声を出して歌い、自らが率先することもあった。暴力的ではない、平和的な活動であった。

しかし、1969年初頭から始まった集会は時を経るにしたがって大きくなった。5月になると、5000人規模にまで膨らんだ。

集まった若者たちは、平和的に集会に参加するだけでなく、ベトナム戦争に対してどうするか、どう権力と向き合うか、どう戦うか、激論を交わした。少人数のときは問題なかったが、人が集まりだすと、通行客から苦情が出た。

さらに、警視庁としても、このまま放置しておくと、いつ過激な行動に出て、全学連のように歯向かってくるかわからないと、危機感をいだいていた。

5月17日には機動隊が出動し、強制的に集会をストップしてしまう。いったん警察の警備は「ソフト」に戻ったが、こんどは平和的に人々ではなく、学生運動の活動家が集まるようになった。

そして、暴力の無い平和な集会はいつのまにか、笛の音やシュプレヒコールが飛び交う過激な集会所になっていった

## とうとう6月28日、衝突が起こった

そして6月28日、とうとう衝突が発生した。集会に集まった7000人のうち5000人が地上に出て機動隊とぶつかった。機動隊はガス弾を使って鎮圧しようする。そして、一部の活動家が派出所に投石するなど暴徒化し、64人が逮捕された。

その後、警視庁は新宿の西口地下広場を「通路＝道路」と無理やり解釈し、道路交通法を適用して、立ち入り禁止地区とした。平和を求める人たちを締め出した。そして、7月12日を最後に土曜の集会は終わった。

歴史

71

# 70年大阪・万国博覧会

## 多くの日本人が渇望した巨大イベント

昭和45（1970）年
3月14日

テーマは「人類の進歩と調和」。いつの時代でも必要とされる課題である。特に1970年に生きていた日本人にとって切実なテーマであった。

しかし、万博に集まった多くの人たちにとって、やっぱり楽しみは「月の石」であったり、世界各国からくるパビリオンであったり、最新技術を使った展示物であったり、日々行われるイベントであった。

3月14日、日本万国博覧会（ＥＸＰＯ'70）の開幕前日に開会式が開かれた。イベントのメイン会場（お祭り広場）に登場した岡本太郎の太陽の塔は、異様な迫力と、ふと感じる親しみやすさで、会場を彩った。

開会式は午前11時、お祭り広場には「万博マーチ」とともに参加77カ国の国旗が入場。天皇と佐藤首相の挨拶に続いて、参加国の子どもたち、そしてコンパニオンのお姉さんたちが輪になって踊り、博覧会の始まりを告げた。

博覧会は9月13日までの183日間。総入場者数は6421万8770人。史上最高の入場者を集めた。

そして、人気パビリオンは長蛇の列。単に軽石にしか見えない「月の石」のために何時間も並び、結局見ることができない人も多かった。人気は「月の石」があったアメリカ館とソ連館。しかし、あまり知られていない国のパビリオンにはほとんど人がいなかった。

でも、そこにも各国の伝統的な文化が紹介され、人混みを避けてきた人たちの憩いの場所となった。

入場者数が多かったためトラブルも頻発した。空中ビッフェのゴンドラが横倒しとなり50人が宙づりになる事件もあった。

しかし、一番多いのが迷子だったろう。少し目を離すと、場所がどこかわからなくなってしまう。そんな経験をした人も少なくなかった。

歴史

72

## 多摩ニュータウン入居開始

平均141倍、最大3185倍率の分譲マンション

昭和46（1971）年
3月26日

日本の人口が増え続けている時代、東京都には多くの人々が居を構えていた。そして、少しでもいい暮らしを求めていた。そんな時代にできたのが多摩ニュータウン。このニュータウンの最初の頃の分譲価格は3DKが400万円弱。入居するための競争率は平均141倍、最高は3185倍にもなった。

41万人が住める街を作ろうとはじまった第一次入居者は2690戸、約8000人。そのうち、オープン初日の3月26日に引っ越してきたのが約200世帯。まだ建設途中で、いたるところに掘り返された土が残り、ダンプが走ると土ぼこりが舞っていた。それでも、新しい街を夢見て生活をスタートさせていった。

しかし、現在、街は高齢化が進み子どもたちも巣立っていった。空き家も多くなっている。現在人口は22万人。新たな街づくりが問われている。

歴史 73

# カップヌードル発売

## 若者文化の象徴が登場

昭和46（1971）年
9月18日

この日、カップヌードルが登場した。これは2018年10月1日から始まったNHK連続テレビ小説『まんぷく』のモデルになった日清食品の創業者の話で、知っている人も多いと思う。カップヌードルの開発秘話や、発売への苦労、そして爆発的に売れるまでの話はテレビドラマで脚色があるとはいえ、知られている。

しかし、テレビでは、カップヌードルに対して、昭和初期までの生まれの人の多くが、「あんなもの食べると病気になる」と言っていたことにはあまり触れられていない。一方で、戦後生まれは、すぐに許容した。昭和生まれでも、戦前と戦後生まれの差が如実に出た商品であった。これを読んでいる読者はどちらであろうか。最近は「完全食」なる商品も出ている。はたして健康にいいのか悪いのか、いまだにわからない。

歴史
74

## 車のフロントガラスに投げられた魔法瓶
# 昭和天皇、戦後初の欧州訪問

昭和46（1971）年
9月27日

9月27から10月14日まで、昭和天皇は戦後、初めて欧州を訪問された。しかし、その訪問で、陛下はかなり手荒い歓迎を受けている。最も激しかったのは、オランダである。昭和天皇一行がハーグ市内に入ると、魔法瓶が車に投げられ、フロントガラスにヒビが入った。さらに、訪問に対して反対のプラカードを掲げる者、黒旗を振る者、拳を上げる者などが多く歩道に並んだ。

インドネシアで日本軍の捕虜になったオランダ人の数は民間人9万、軍人4万もいる。そして、多くのオランダ人が亡くなった。その怒りが天皇に向かった。

### 抗議行動は覚悟のオランダ訪問

しかし、日本政府は、オランダに天皇の訪問に反対する者がいることと、過激な抗議行動に出る可能性があることはつかんでいた。もちろん、天皇にもそのことは伝わっていた。だが、天皇がオランダ訪問を取りやめることはなかった。

天皇は、「第二次大戦中いろいろなことがあったので、それは当然だろう。しかし、何かやれば、それで気が済んで、一本棒が引けて、そのあと本当の親善が結ばれるだろう。私はそのために行くのだから」

と話したという。覚悟を決めていたのだ。命の危険さえあったが、天皇の願いは日本とオランダの親善であった。

オランダで天皇の車に魔法瓶が投げつけられた時、天皇が一番心配したのは、フロントガラスのヒビではなく、日本とオランダの親善にヒビが入ることだった。特に、このことが日本で大々的に報道され、日本人の意識が反オランダになることを心配された。

## 自分の命より心配だった日本とオランダの親善

この事件があった直後、天皇は入江《いりえ》相政《すけまさ》侍従長に日本の新聞・放送が大きく扱

わないように指示し、

「あれでこの国の人はいくらか気が済んだだろう。しかし、これを日本で大々的に報道すれば、親善は実を結ばないことになってしまう」

と危惧した。自らの命よりも、日本とオランダとの親善を優先したのだ。

しかし、この時、政府は対応をミスっている。オランダの人々に対する天皇からの謝罪の言葉がなかったことだ。朝日新聞は以下のように書いた。

「陛下の名前で行われた、戦争中のさまざまな不幸な出来事について、何らかの遺憾の気持ちが伝えられたらどうだったろう」

天皇も帰国後に、以下のように述べている。

「この旅行を省みるとき、真に国際親善の実を挙げ、世界の平和に寄与するためには、なお一層の努力を要することを痛感しました」

ただし、物語はここで終わらない。

## オランダを訪問した明仁天皇と美智子皇后

２０００（平成12）年5月23日、明仁天皇と美智子皇后両陛下（現・上皇上皇后両陛下）がオランダを訪問された。そして、戦没者記念碑に深々と頭を下げ、晩餐会では「今なお戦争の傷を負い続けている人々のあることに、深い心の痛みを覚えます」と遺憾の気持ちを述べられた。

その時もオランダで天皇皇后両陛下の訪問に反対する人たちのデモがあった。しかし、晩餐会に招待された元抑留者らは、天皇陛下と言葉を交わし、「痛みと苦しみは消えていない。でも、今回のご訪問を、オランダと日本の未来の新たな関係へと踏み出す機会にしたい」

と語った。昭和天皇が自らの命の危険も顧みずオランダを訪問したことは、30年後に、１９７１年の教訓とともに花開いたのだ。

歴史

75

# 横井元軍曹グアム島で発見

「恥ずかしながら」戦後28年目に帰国

昭和47（1972）年
1月24日

「恥ずかしながら帰ってまいりました」。この言葉が羽田空港に着いた時、迎えに来た厚生大臣に伝えた第一声だった。横井庄一元陸軍軍曹が発見されたのは1月24日グアム島。戦争が終わってもグアム島の山中に隠れ、サバイバル生活をつづけた。敗戦を知りつつも、降伏を恥とする軍の教育でジャングルに潜伏した。

ジャングルでは、果実やイモをとって食べ、マンゴーの葉から衣服を作るなど、自給自足の生活で28年間生きのびた。その後、エビやウナギをとるために罠を仕掛けに行ったところ、現地の人たちに見つかり保護される。

帰国後は、12歳下の京都の女性と結婚。サバイバル体験を生かした講演活動やテレビ出演などで人気を集め、『明日への道』を出版しベストセラーになった。

その後、参議院選に出馬するが落選。1997年心臓発作で亡くなった。享年82。

歴史
76

## 札幌五輪開幕
日の丸飛行隊メダル独占

昭和47（1972）年
2月3日

この日、札幌五輪が開幕。アジア初の冬季オリンピックだった。35カ国の選手と役員計1655人が参加、11日間にわたって熱戦を繰り広げた。

最大の注目は70m級スキージャンプ。日本勢が大活躍した。「日の丸飛行隊」といわれた笠谷幸生、金野昭次、青地清二の3人で金・銀・銅のメダルを独占。一本目から日本勢は1〜3位につけた。2本目で2位と3位は入れ替わったが、盤石のジャンプだった。しかし、90m級ジャンプは残念ながら、笠井が7位に入っただけで惨敗だった。

この大会で「札幌の恋人」といわれたのが女子フィギュアのアメリカ選手ジャネット・リン、可愛らしく愛らしい演技で会場を沸かせた。尻もちをつきながらも3位に入っている。熱狂と興奮の11日間だった。

歴史 77

## 古代史ブームおこる
# 高松塚古墳壁画発見

昭和47（1972）年
3月21日

3月21日、奈良県明日香村平田の高松塚古墳で極彩色の壁画が発見された。古墳内部の石壁に白虎や青竜、金箔の星座や女子群像が色鮮や描かれ驚きの壁画だった。いままで近畿地方には装飾古墳はないという定説をくつがえす発見だった。この調査を担当したのが、明日香村の依頼で同古墳を調査していた橿原《かしはら》考古学研究所（所長末永雅雄）。この壁画は華麗さにおいて法隆寺金堂の壁画に匹敵するものだという。2005年の発掘調査で、この古墳が造られたのは藤原京期の694年から710年の間と確定されたが、埋葬者は特定されていない。

埋葬者については天武天皇の皇子説、臣下説、朝鮮半島系王族説の3つの主な説がある。この高松塚古墳は極彩色の壁画と、埋葬者がわからないことで話題を呼んだ。現在にも続く古代史ブームのきっかけとなった壁画の発見だった。

歴史
78

# 日本列島改造論

## 功罪大きい田中角栄のベストセラー

昭和47（1972）年
6月11日

この日、田中角栄は、かねてからの持論だった「日本列島改造論」を政策綱領として発表した。当時の角栄は通産大臣。田中は、通産官僚や他のブレーンを集めて、田中が都市政策調査会長時代にまとめた「都市政策大綱」を下敷きにして作り上げた。

大きな狙いは、都市と農村、太平洋側と日本海側の格差是正であった。さらに、次期総裁をにらんで、政策面でのアピールを狙った。具体的な中味は、人口の過密と過疎を同時に解消するため工業地帯を再配置する、地方に25万人都市を建設する、全国に新幹線や高速道路・情報網を整備する、という3つの柱からなる。

その田中は、7月5日の自民党総裁選挙で福田赳夫を破り、7日には首相に指名され就任した。

当時の田中は日の出の勢い。官僚出身でも、東大出身でもない庶民派の首相に、国民から「今太閤」とよばれ、角栄人気はかつてないものとなっていた。

彼が首相になると、著作『日本列島改造論』も88万部のベストセラーになり、「列島改造ブーム」を巻きおこした。そして、田中は70人からなる首相の私的諮問機関の「日本列島改造問題調査会」を発足させ列島改造に走り出した。

しかし、日本経済の高度成長と個人消費の拡大を前提とした「日本列島改造論」は、各方面から「幻想のふりまき」「列島総公害化」などの批判が相ついだ。特に社会党の成田知巳《ともみ》委員長は党首会談で、日本列島改造論は「企業優先で、土建業や不動産業に奉仕するものだ。土地価格を中心に、物価高騰を誘発し、公害を全国に拡散する結果になる」と鋭い指摘をした。

結果、「日本列島改造論」は、成田の予測どおり、地価の爆騰とインフレの加速を招く。さらに、翌年10月の第一次石油ショックが起こると、地価と物価はますます急騰。列島改造論は棚上げになり、田中内閣はインフレの対処に精一杯になってしまう。

歴史
79

## セブンイレブン豊洲店
# コンビニエンスストア登場

昭和49（1974）年
5月15日

いまやどこにでもあるコンビニ。そして、なくてはならないのがコンビニ。そのコンビニエンスストアが初めて登場したのが1974年の5月15日。

そして、コンビニエンスストアを日本に最初に持ち込んだのは元セブン&アイ・ホールディングス会長兼経営責任者の鈴木敏文《としふみ》だ。

彼は、イトーヨーカ堂の幹部だった時、視察に訪れたアメリカのカリフォルニアで、初めてコンビニを見た。そこでは、定価で商品が販売されていた。それでも、商品は売れていく。誰も苦情を言わない。日本では考えられないことだった。

1970年初頭の日本ではスーパーマーケットがより巨大化し、店舗間で安売り合戦を繰り広げていた。定価など、あってないようなもの。値引きを目立たせるためだけにあるようなものだった。

鈴木はコンビニの導入をイトーヨーカ堂に提案した。しかし、当時は大型店全盛の時代だった。どの役員も小型店など未来はないと、否定した。

だが、鈴木は粘った。大型店と小型店は棲み分けができる。反対を押し切り、彼はアメリカのコンビニを展開するサウスランド社と提携し、日本にコンビニを持ち込んだ。

その1号店が豊洲店である。オープンにあたってチラシを配布した。そこには「便利で重宝なお店」という謳い文句と、「いつでもすぐ買える」「なんでも揃っている」「お手軽な食べものがお好きな時に」と書かれていた。手ごたえはあった。

しかし、不安はある。オープン初日はあいにくの雨だった。不安はいっそう膨らんだ。だが、外を見た鈴木は思わず涙が出そうだった。お客さんが長蛇の列をつくっていた。反対を押し切った鈴木の勝利だった。

現在、スーパーマーケットはどんどんなくなっている。一方でコンビニは増え続けている。ピークを越えたとはいえ、全国で5万7600店舗を数える。

歴史
80

# 「巨人軍は永遠です」長嶋茂雄涙の現役引退

昭和49（1974）年10月14日

「わが巨人軍は永久に永遠です」

いまでも球史に残る名言である。後楽園球場を埋め尽くす5万人の観客。長嶋茂雄の別れの言葉を一言も聞きもらさないよう静まり返る。この言葉は、その観客の心にもっとも響いた。みな、思いっきり拍手をした。

長嶋茂雄のようなプロ野球選手は二度と現れないだろう。長嶋茂雄は、今の言葉で言えば、持っている男だった。もちろん、かげながら、努力は欠かさない。自主トレも山ごもりもしている。そして、ここ一番でアッと驚くことをやってのける。それは誰にもできないことだった。

10月14日の後楽園球場。「背番号3」を背負った長嶋はダブルヘッダーにフル出場した。9打数でホームラン1本を含む4安打。やっぱり持っている男だった。

# 第六章

# 昭和50年（1975）〜昭和59年（1984）

【主な出来事】

| | |
|---|---|
| 1975(昭和50)年 | 沖縄海洋博覧会開催 |
| 1976(昭和51)年 | ロッキード事件おきる。河野洋平ら新自由クラブ結成 |
| 1977(昭和52)年 | 領海12カイリ、漁業水域200カイリ法成立 |
| 1978(昭和53)年 | 成田空港開港、日中平和友好条約締結 |
| 1979(昭和54)年 | 元号法成立 |
| 1980(昭和55)年 | 華国鋒中国主席来日 |
| 1982(昭和57)年 | 東北・北陸新幹線開業、教科書検定問題起こる |
| 1983(昭和58)年 | 日本海中部地震 |

歴史

81

# 女性初のエベレスト登頂成功

## 七大陸最高峰の登頂に成功した田部井淳子

昭和50（1975）年
5月16日

「見たこともない場所を自分の足で踏みしめたい」

田《た》部《べ》井《い》淳《じゅん》子《こ》は、そんな気持ちで山登りを始めた。登ってみたい山があったら黙々と準備し、実際に登った結果が世界記録になった。

彼女は女性として世界で初めて七大陸最高峰の登頂に成功したことで知られる。その彼女が世界最高峰のエベレストの登頂に成功したのが、この１９７５年５月16日である。このときも女性として世界で初めて登頂に成功している。

小学4年生の時に、彼女は那須の茶臼岳に登った、このとき未知の場所に踏み出す楽しさを味わった。最初から世界最高峰を次々制覇しようとしたわけではない。ただ、山に行くと嫌なことを全て忘れて至福の時が過ごせた。一番好きな時間を過ごせた場所だから、山登りをしただけだった。

歴史
82

マラソンブームの先駆け

# 青梅マラソン1万人超え

昭和52（1977）年
2月20日

1967年にスタートした青梅マラソン。この年、参加者が1万人を超え、総勢1万710人が参加した。

2月20日、市役所を起点に第11回青梅マラソンがスタート。30㎞と10㎞の2コースに分かれ、暖かい光がそそぐなか青梅路をゴールに向けて走った。

青梅マラソンは第一回以来、市民参加のマラソンとして人気を博した。11回目の今回は、マラソンブームを反映して、前年よりも3割も多い世界一のマンモス大会になった。

「青梅で会いましょう」を合言葉に、全国各地から健脚を自慢する「走り人」が集まった。70歳以上の高齢者も53人。最高齢者は三重県の83歳の男性で、10㎞コースを走り、見事完走。

一般30㎞コースは７５３１人が参加、最前列から左後尾まで３００ｍの長蛇の列。スタート前に将棋倒しになる危険な場面もあった。

この日、残念なことに52歳の男性が死亡。１３０人が医務室に運ばれた。

現在は定員制になり、30㎞１万２５００人、10㎞３５００人に絞られている。医療体制も万全で、無事にゴールできるようさまざまな配慮をしている。

マラソンブームを牽引した青梅マラソン。いまでも多くの走り人の大きな目標となっている。

歴史
83

# 756本、アーロンを抜く
# 王、本塁打世界記録

昭和52（1977）年
9月3日

王貞治は本塁打世界記録を前にプレッシャーに襲われていた。ハンク・アーロンの記録に近づくたびに国民の期待が大きくなり、王は一本、一本の重さにさいなまれた。同じチームの張本勲《はりもといさお》にも、緊張が伝わり、気が気ではなかったという。

アーロンの記録を超えた試合は、1977年9月3日の後楽園球場で行われた対ヤクルト戦。鈴木康二朗投手のシュートを右翼席中段にライナーで打ち込んだ。球場に駆け付けたファンは、その球を見た瞬間から大歓声をあげた。元大リーグのハンク・アーロン選手が世界記録を達成したときよりも、5歳も若くしての達成だった。張本もその瞬間、大声をあげて叫んだという。

内閣もこの大記録に対して、「国民栄誉賞」を創設し、第一号を贈呈した。その後、王選手は現役引退までに、前人未到の868本のホームランを打った。

歴史
84

## ラストコンサートに5万5000人
# キャンディーズ解散

昭和53（1978）年
4月4日

「普通の女の子にもどりたい」

キャンディーズのこの言葉を聞いた時、全国の中・高校生の男子は涙をながした。当時、キャンディーズはピンクレディーと人気を二分し、女性アイドルグループの頂点にいた。

4月4日午後5時15分、後楽園球場の特設ステージにキャンディーズが登場。ラン・スー・ミキの人気3人娘がステージに立った。キャンディーズ解散コンサートの始まりだ。

つめかけた5万5000人のキャンディーズファンは、ラン派、スー派、ミキ派、思い思いにうちわなどで大応援。そのほとんどが男子中・高校生だった。

コンサートではキャンディーズの「春一番」や「微笑《ほほえみ》がえし」などのヒット曲

が熱唱された。４時間におよぶコンサートは、泣き叫びながら応援する男子の声と大きな拍手、「ランちゃーん」「スーちゃーん」「ミキちゃーん」と張り上げる奇声に終始した。

終盤は、「年下の男の子」が歌われ、「本当に、私たちは、幸せでした!!」の言葉でコンサートは終わった。

この日補導された男子は１２９人、６人が家出の少年だった。キャンディーズには男子の追っかけがいた。キャンディーズのコンサートには必ず全国どこへでもついていった。

そのためにアルバイトをし、日々節約して、お金を貯めた。勉強は移動する列車の中でした。これが彼らの青春だった。

その年の全国の高校の文化祭では、どこでも、ステージが講堂に作られ、男子３人がそこに立ち、ラストコンサートを演じてみせた。ひらひらの光輝く衣装を着て、多くの生徒たちの嘲笑をあびながら「年下の男の子」を歌った。

最後は本当に涙を流しながら「私たちは本当に幸せでした」と叫んだ。

歴史
85

# 竹の子族出現
## 渋谷の代々木公園を埋めた男女

昭和53（1978）年～1980年代前半

人気アイドル沖田浩之《おきたひろゆき》を生んだ「竹の子族」。ピークは1980年。東京の原宿にある代々木公園近くに設けられた歩行者天国で、派手な衣装に身を包み大きなラジカセを置いて、その周りで踊る若い男女。

日曜日の歩行者天国の路上いっぱいに集まった彼らは「竹の子族」と呼ばれた。始まりは1978年。竹の子族のいわれとなった「ブティック竹の子」がオープンした。彼らはここで派手な衣装を買って代々木公園の歩行者天国に駆け付けた。

彼らはもともとディスコにたむろしていたが、大人数で輪になって踊っていて他の客に邪魔になった。ディスコを追われた彼らは歩行者天国に集まった。

ピークの1980年になると、代々木公園だけでなく、吉祥寺や池袋、名古屋にも竹の子族が現れた。そして竹の子族ファッションは年間10万着も売れたという。

竹の子族（写真：アフロ）

歴史
86

## インベーダーゲーム

日本のコンピュータゲームの原点

昭和54（1979）年
ピーク年

「キュン、キュン、ドーン」

若い大学生や高校生がハマったインベーダーゲーム。若い社会人もその音に惹きつけられた。喫茶店やスナックの片隅にテーブル代わりに置かれた台に、お金を積み上げて、飲み物の注文も忘れて画面に集中した。

1978年6月に発表されたテレビゲーム「スペースインベーダー」は爆発的に流行した。

インベーダーゲームは、列隊をつくって侵略してくるインベーダーと、突然現れてくるUFOを速射砲で撃ち落として点数を競うゲーム。さまざまな技が生み出され、敵のインベーダーを盾にして、瞬時に撃ちまくる名古屋打ちが、おたくの間で流行った。この当時はおたくという言葉はなかったが、インベーダーゲームにはまった大学生や受験生、高校生がその原点と言えるだろう。ひとりで画面に向かって、必死にインベーダーと向き合う。友達や彼女、彼氏がいても関係ない。一言もしゃべらず、何時間でも黙々とインベーダーを打ちまくる。話などしていたら、敵に殺されてしまう。必然的に黙らざるを得なかった。

夏になるとビーチにまでインベーダーゲームは登場した。インベーダーゲームを乗せたトレーラーがビーチ横に出現した。

外は最高のビーチ日和。彼らはビーチに繰り出すことなく、黙々とトレーラーで画面に向かっていた。そして、純喫茶でも、隣にはゲーテの詩集を読んだり、難しそうな学術書を読んだりする人たちの冷たい視線を感じながら、部屋の片隅に置かれたインベーダーゲームの前で「キュン、キュン」と音を立てた。

まさに、インベーダーゲームでおたくたちは作られたといっても過言ではないだろう。当時、ゲーム機一台が一日1万円を稼ぎだすといわれ、ほとんどの喫茶店がインベーダーゲーム機を置いた。最盛期の1979年7月の警察庁調査では、全国で23万台が普及していた。遊ぶ金欲しさに窃盗事件も相次いだ。

歴史

87

頂点で去った歌姫

# 山口百恵さよならコンサート

昭和55（1980）年
10月5日

森昌子、桜田淳子、山口百恵の「花の中3トリオ」として売り出された3人の娘たち。しかし、その方向性も歌の内容も全く違っていた。

演歌歌手の森昌子、アイドルアイドルしていた桜田淳子、そして最も歌姫と呼ばれるにふさわしく、大人の色気も備えていたのが山口百恵だ。

1980年10月5日、その山口百恵が引退した。俳優・三浦友和との結婚のための引退だった。ちなみに、二人の愛をいちばん感じるのが映画『潮騒』。二人が愛を確かめるシーンがある。三浦友和が、山口百恵に向かって、目の前の燃え盛る焚火の火を飛び越えて、抱きしめるところ。二人の愛のクライマックスシーンだ。NHKの連続テレビ小説『あまちゃん』の挿入歌であった「潮騒のメロディー」にも、このシーンをオマージュした歌詞が書かれた。

山口百恵のさよならコンサートは日本武道館で行われた。別れを惜しむファン1万2000人がつめかけた。

彼女は、「プレイバックPart2」などのテンポの速い曲から「秋桜《コスモス》」などの静かな曲までこなし、LP485万枚、シングルレコード1680万枚を売った。三浦友和との共演映画『伊豆の踊子』、『絶唱』、『泥だらけの純情』は、それぞれ2000万人以上の観客動員となった。さらに、テレビでの共演作品「赤い衝撃」は平均視聴率33パーセントを記録。親しみやすさと「かげり」が魅力だった。

彼女の引退は人気絶頂のときだった。誰も彼女の引退を惜しんだ。引退前に発売した、自らの生い立ちを書いた『蒼い時』は、ダブルミリオンになった。

結婚後、山口百恵は表に顔を出すことはしなかった。しかし、「花の中3トリオ」の中で一番、無難な選択をしたといえるだろう。スポットライトを浴びることはないが、他の二人とは違った。森昌子は森進一と結婚後、一時パニック障害になり離婚した。桜田淳子も統一教会にはまってしまった。普通の主婦になった山口百恵のピーク時の引退が、もしかすると最も賢い選択だったのかもしれない。

歴史

88

世界の工場だった日本

# 日本車、生産台数世界一

昭和55（1980）年

通年

トランプ大統領が進める「アメリカン・ファースト」。それを実現できるかどうかは別だが、国民にとってもっとも大切なのが雇用で、そのためには製造業が力強くなければならないということを、21世紀の時代に明らかにした日本の功績は高いといえるだろう。

その国がいちばん充実しているのは、物作りが国を支えているとき。それはどんな時代でも同じである。金融業がいくら栄えても、その利益を享受できるのは一部の人たちだけ。

サービス業も提供する相手は物作りの人々。彼らの仕事が守られない限り、国の発展はない。そういう意味ではトランプ政権が進める政策は的を射ているのだろう。

物作りを端的に示す言葉が「世界の工場」。その「世界の工場」は時代とともに変遷してきた。１８００年代後半はイギリス。第二次世界大戦まではアメリカ。そしてその後はドイツと日本、いまは中国だ。その中国に不動産バブルが起きているのを見ると、「世界の工場」としての地位はすでに終わっているのかもしれない。

次はインドをはじめＢＲＩＣｓが主役になるだろう。

前置きが長くなったが、日本が物作り大国としてピークを迎えるのが１９８０年代。日本は、自動車の生産台数世界一に輝いた。

１９８０年、日本の自動車の生産台数がアメリカを抜いた。アメリカは第二次石油危機後に起こった省エネ対策と景気後退に、自動車産業をうまく転換できなかった。

相変わらず、ガソリンをがぶがぶ使い続ける大型の車を作り続けていた。国民は不景気で高い車は買えない。日本はそんなアメリカの製造業を尻目に省エネの小型車を適切な価格で販売していた。

この年、アメリカの自動車生産台数は８００万８３４２台と前年に比べて30パーセントも減少。これに対し日本は国内向けの販売こそ前年より下がったが、輸出が絶好調。生産台数は1104万4884台と14パーセントも増加した。

アメリカの自動車会社は、小型車への転換に乗り遅れて、巨額の赤字を出した。「ビッグ3」のGMが7億6300万ドル、フォードが4億4000万ドル、クライスラーが17億1000万ドルの赤字だった。

## 対米自主規制を強要したアメリカ

その後、アメリカは日本に学ぶことなく、日本に対して対米自動車輸出の規制をかけてきた。日本車の市場競争力のある生産工程の合理化や低価格、高性能でアフターサービスの充実などには、まったく学ぼうとしなかった。

ただ圧力をかけて、市場を分捕ろうとした。

現在のトランプも同じである。物作りの原点は、より素晴らしいものをより安く（効率的に）作ることにある。それが、国も世界も豊かにする。それを忘れた物作りは国を衰退させる。ソ連の崩壊も、もとをたどればそこにあったし、毛沢東の失敗もそこにあった。質の悪いものを作り続けても誰も欲しくない。ソ連や毛沢東は極端すぎたが……。

トランプもそこに学ぶべきだ。

1980年以降、アメリカ議会は反日感情が高まった。対米輸出自主規制への強要にとどまらず、電化製品やハイテク製品の不買運動などを引き起こした。そして、アメリカでの「ジャパン・バッシング」は激しさをより増すことになる。

日本人も日本政府も、この時の教訓をしっかり学ぶべきだろう。歴史に学ぶということは、そういうことだ。

1982年のジャパン・バッシング（写真：アフロ）

歴史

89

## 中国残留日本人孤児初来日

### 戦後36年目の肉親との涙の対面

昭和56（1981）年
3月2日

戦争はさまざまな悲劇を生み出す。その大きな一つは、人々の別れを引き起こすことだろう。特に戦地から引き揚げるときは、まさに泣く泣く自分の子ども預けたり、残したりしてきた。逃げるときに足手まといになるからだ。

満州から逃げてきた日本人の中には、敵兵に追われて赤ん坊を連れて山の中に逃げ、赤ん坊の泣き声を止めるため、口を抑えつけて殺したという、悲惨な話があった。それは、現在、世界中の戦地でも頻繁に起きていることだろう。

戦争では人の命など無いに等しい。1981年3月2日、中国残留日本人孤児47人が、肉親捜しのため来日した。来日したのは以前満州と呼ばれた中国東北地区の45人と北京、ウルムチの各1人。成田空港に着いた彼らは代々木のオリンピック記念青少年総合センターで宿泊した。当時、敗戦で中国大陸を追われた日本人が残してきた中国残留孤児は、推定1万人いると言われた。敗戦時にあずけられた幼児は戦後36年を経過して40歳前後の年齢に達していた。

3月7日、新疆《しんきょう》ウイグル自治区で小学校教師をしている陳家東の父親は、神戸に住む富井英男であることが判明。富井が残してきたときは満と名付けていた。

富井はシベリアに抑留され、1946年に脱走した。しかし、脱走して奉天に帰った時には、すでに満は養子に出された後だった。養子先の養父母に返してくれるようお願いしたが、「子供を連れていくなら死ぬ」とまで言われ、日本に連れて帰ることはあきらめた。陳が満であることがわかったのは、陳が養母の弟から知らされて、富井の名前と職業を知っていたからだ。

この時肉親が判明したのは26人、幼児のころの記憶や顔が似ていることなどが判明する手がかりとなった。

いったん、孤児たちは帰国したが、その後、日本に永住するか中国に残るか決めることになった。現在、日本に帰国し永住した中国残留孤児は約8000人、その家族を含めると約2万人となっている。

歴史

90

## 榎本秘書の前夫人が証言
# 「ハチの一刺し」

昭和56（1981）年10月28日

1976年2月に明るみになったロッキード事件は、ロッキード、グラマン両社による田中角栄元首相への賄賂が大きな問題となり、世界的な汚職事件となっていた。ロッキードは丸紅を通じて田中に賄賂を贈ったとされた。

この日、東京地裁では、その点をめぐって、田中角栄の元秘書である榎本敏夫被告の前夫人・榎本三恵子が最後の検察側証人として出廷していた。

彼女は田中被告の5億円授受を裏づける衝撃的な証言をした。三恵子が夫の敏夫と結婚していた76年にロッキード事件が発覚すると、敏夫は三恵子に「どうしよう」と相談した。

三恵子は「お金は受け取ったの」の問いかけると、敏夫はうなずいたと証言した。さらに、敏夫が「事件の追及は三木総理のハラ一つできまる」と言っていたこと、逮捕を考えて秘書官当時の書類を焼却したことなどを、三恵子は生々しく証言したのだ。

**「ハチは一度刺したら死ぬと言うが、私も同じ気持ちです」**

離婚した夫人の出廷にたいして、奥野誠亮《せいすけ》法相は「検察は人の道をわきまえて努力することが大切」と検察を批判したが、この証言は田中が主張する無罪に、疑惑をいだかせるには十分だった。

法廷を出る榎本三恵子は、報道陣から前夫を有罪に追い込む証言をしたことについて感想を求められた。

その時に出た言葉が「ハチは一度刺したら死ぬと言うが、私も同じ気持ちです」であった。

歴史

91

## コピーライターブーム「おいしい生活」

昭和57（1982）年

通年

まだインターネットが普及する前、日本の消費はいったん落ち着いていた。パソコンなど画期的な商品が生み出されるのは、もう少し後である。

この時代、消費を後押しする広告が登場するようになる。画期的商品がないため、商品名だけでは売れない時代だった。その商品に付加価値をつける必要があった。それが商品につけるコピーであった。

この年、その画期的なコピーが登場した。コピーライター糸井重里《しげさと》がつくった「おいしい生活」である。西武百貨店全体のイメージアップを図るコピーだった。いままであり得なかった「生活」に「おいしい」をつけるネーミング。このヒットを皮切りに斬新なコピーが次々生まれた。

サントリーホワイトの「飲む時はただの人」。ライターは眞木準《まきじゅん》。

「おしりだって、洗ってほしい。」はＴＯＴＯの温水洗浄便座のキャッチコピーで、中畑貴志《なかはたたかし》が作った。

コピーライターの先頭を走っていた糸井は読者投稿型のコピー講評「糸井重里の萬流コピー塾」を週刊誌に連載し、一躍時の人となった。いまでも、その活躍は続いている。

歴史

92

## NHK連続テレビ小説最高視聴率「おしん」

昭和58（1983）年4月4日

いまでも破られていないNHK連続テレビ小説の最も高かった視聴率は62・9パーセントの「おしん」である。

きっと将来的に破られることはないであろう。現在の視聴率は20パーセント前後。30パーセントをもし超えたら、NHKが民放だったら、きっと金一封を出すだろう。

それほど、「おしん」は画期的だった。しかし、この脚本を書いた橋田壽賀子《すがこ》は、当初、企画を持ち込んだとき、NHKの担当者たちは否定的だったと述べている。

理由は、明治時代の女性を描いても視聴率はとれないということだった。

だが、橋田は描きたかった。明治の女性たちがどれだけ苦労して生き抜いてきたか、それをドラマにしたかった。多くの女性たちが「おしん」のように売られて都会に出てきた。

「おしん」は、明治の後半に山形県の貧農の子として生まれた。奉公先での苦労と理解ある大奥様に助けられ、幸せと思われた結婚と姑のいじめなど、苦難と幸福の連続に、多くの女性たちは共感し涙をこぼした。

平均視聴率は52パーセントで、これも史上最高の数字だった。当時、主婦がテレビに釘づけになるため、放送時間の水道使用量が減ったと言われたほどだった。おしんの子ども時代は小林綾子、成長して田中裕子、晩年を乙羽信子が演じた。

このドラマは日本を超え、アメリカでも中国でも、そして東南アジアでも評判を呼んだ。世界各国の女性たちが歩んだ道だった。来日したレーガン米大統領や胡耀邦《こようほう》中国総書記も「おしん」を称えた。

歴史

93

## 野坂昭如立候補

### 金権田中角栄に挑んだ戦い

昭和58（1983）年
12月3日

ロッキード事件で被告人となりながら、角栄は地元の選挙で圧倒的な人気を保ち続けた。

それは、角栄の地盤であった新潟3区の気候が生み出した。

「ひと冬過ごせばわかるこっつぉ」

夏場にメディアで「角栄道路」として紹介される広い道路は、しばしば利益誘導の象徴として批判的に紹介される。だがいったん冬になれば、道の両側に雪の崖が出現し、やっと車が対向できるだけの細い道になる。しかしそれは決して報道されることがないのである。

1983年12月3日、作家・野坂昭如《のさかあきゆき》は第37回衆院選に無所属で立候補した。野坂は同年6月の参院選で初当選（比例区、第二院クラブ）していたが10月、角栄に対する有罪判決（ロッキード裁判一審判決＝懲役4年、追徴金5億円）が出て衆議院が解散となったことを機に参議院議員を辞職。「金権打倒」をスローガンに、同じ新潟3区から打って出たのである。

野坂の父・野坂相如《すけゆき》は戦後、新潟県副知事をつとめた元内務官僚だった。しかし、野坂自身は高校時代のごく一時期に新潟に住んだことがあるだけである。

「田中批判」の急先鋒としてメディアに登場していた直木賞作家の野坂には多くの支持者が集まった。ポスター写真の撮影は篠山紀信。「日本中が新潟を見てる。5万票をノサカに」というコピーは糸井重里氏が考案し、人気女優の吉永小百合、作家の田辺聖子も応援に入った。

だが、実際に選挙戦が始まってみると、苦戦の連続であった。

冬の新潟はいつも雪。慣れない雪道に、土地勘のない野坂陣営は立ち往生を繰り返し、演説すら満足にできない状態が続いていた。

それを見た角栄は、秘書の早坂茂三を呼んだ。

「あいつのオヤジは新潟の副知事だったが、息子は雪国の怖さを知らない極楽トンボだ。風邪をひくから靴下、手袋、長靴、ももひきを差し入れてやれ」

選挙中にもかかわらず、野坂の事務所には越山会から衣類が届けられた。それだけではない。早坂は野坂にこんなアドバイスまでした。

「君は旧新潟高校出身だろう。その線は辿ったほうがいい」

敵陣営からの思わぬアドバイスに野坂は呆然とした表情を浮かべたという。選挙の結果、有罪判決直後の角栄は22万761票を獲得しトップ当選。野坂はわずか2万8045票にとどまり、落選した。

金権批判や政治倫理の確立はよいとして、では政治家として野坂に何ができるのか。雪国のつらさを解消しようと、これまで30年以上、角栄は働いてきた。言われるような金権政治があったとしても、その頑張りに対して裏切ることはできない――地元有権者たちの「審判」には、どっしりとしたリアリティがあった。

落選後、野坂は角栄と会っている。角栄は選挙戦をねぎらい、こう声をかけた。

「もう一度出ても落ちる。だが、その次にまた出れば、必ず当選する」

しかし、野坂が新潟から選挙に出たのはこれが最後だった。作家に戻った野坂は、周囲にこう語っていた。

「角栄と政治をテーマにした小説を書きたい」

野坂は角栄が死去した10年後の２００３年に脳梗塞を発症。小説の構想は実現しないまま、２０１５年に他界している。

田中角栄（写真：アフロ）

歴史

94

## 初の第三セクター

### 赤字の国鉄を肩代わりした三陸鉄道が開業

昭和59（1984）年
4月1日

ＪＲの前身である国鉄は「親方日の丸」と言われ、非効率な経営の象徴のようにさえ言われた。その国鉄は1987年に民営化され、ＪＲ北海道、ＪＲ東日本、ＪＲ東海、ＪＲ西日本、ＪＲ四国、ＪＲ九州、そしてＪＲ貨物に分割された。

その分割される前に、国鉄は不採算鉄道を切り離し、第三セクター方式で地元に鉄道の運営を任せた。

第三セクターとは、第一セクターの国や地方公共団体と第二セクターの民間企業が共同出資して、設立する事業組織体のこと。3番目なので第三セクターと呼ばれた。

国鉄はこの第三セクターに赤字路線を引き取ってもらった。国鉄の再建策だが、単純にお荷物を地元自治体と企業に任せただけのこと。それでも、地元にすれば、移動の足が残ることは非常に大切だった。

１９８４年４月１日、初の第三セクター、三陸鉄道（通称・三鉄《さんてつ》）が開業した。青森県八戸市から宮城県気仙沼市まで２７１㎞の三陸沿岸が１本のレールでつながった。

宮古駅のホームで出発式は行われた。午前7時過ぎから三陸鉄道社長でもある中村直《ただし》岩手県知事が開業宣言。地元出身の鈴木善幸前首相と内田隆滋《たかしげ》日本鉄道建設公団総裁がテープカットした。

沿線の住民はみこしを繰り出し、旗を振って一番列車を歓迎した。

## 東日本大震災が襲った

２０１１年3月11日、その三陸鉄道を東日本大震災の津波が襲った。30ｍを超える大津波は三陸海岸に沿って走る鉄道をズタズタにした。駅舎も破壊され、跡形もなく流されたところもある。残ったのは瓦礫の山であった。

宮古駅も同じ状況であった。

しかし、地元の人々は自分たちの鉄道を再建するために頑張った。鉄道員たちも必死だった。小刻みに続く地震に震えながら、自らの足を再建するため命をはった。

震災発生後の3月16日には陸中野田－久慈間の営業を開始。しかし、他の区間は震災での被害が大きく時間がかかった。それでも2014年4月5日、南半分が、翌6日には北が開通し、全線の運行が可能になった。

## 地元の足を再建した地元の人々

第三セクター方式でなくても、三陸鉄道は復旧したであろう。しかし、第三セクター方式であったからこそ、より迅速に再建できたともいえる。もちろん、国の支援も必要だが、地元の足は地元で守る。これが地元を救う一番の道なのだろう。

歴史

95

宮崎駿のアニメが邦画一番人気に

# 「風の谷のナウシカ」

昭和59（1984）年

通年

多くのアニメ作品を作り出している宮崎駿《はやお》。このアニメ映画、『風の谷のナウシカ』の原作、脚本、監督のすべてを担った。

宮崎駿は、この作品の前にも、さまざまなアニメに携わり、『ルパン三世　カリオストロの城』や『未来少年コナン　特別編　巨大機ギガントの復活』などで高い評価を受けていた。しかし、この『風の谷のナウシカ』は違った。美しい画像と飛翔感が味わえる映像。そして、自然救済のために戦う少女ナウシカのさわやかな活躍ぶり。当時、すでに子どもの頃にアニメを卒業していた大人たちも、子どもたち同様に、宮崎駿作品に飛びついた。

1986年『天空の城ラピュタ』が公開されると、その評価は一段と高くなった。いまでもそれは変わっていない。

# 第七章

# 昭和60年（1985）〜昭和64年（1989）

【主な出来事】

1985（昭和60）年　科学万博開催。日航機墜落事故。男女雇用機会均等法成立
1986（昭和61）年　三原山大噴火
1987（昭和62）年　国鉄分割・民営化、JR新会社発足
1988（昭和63）年　青函トンネル開通。瀬戸大橋開通。リクルート事件
1989（昭和64）年　昭和天皇崩御

歴史

96

## 男女雇用機会均等法が成立

### 女性の地位向上を目指した法律

昭和60（1985）年
5月17日

この年の5月17日　衆議院本会議で男女雇用機会均等法が成立した。「国連婦人の10年」がすでに始まっており、ちょうどこの年が10年目にあたった。日本も遅まきながら、女性の地位向上、差別撤廃を目指し、男女平等法の制定を求める声が高まっていた。企業側も、人口の増加が望めず、女性を労働力として活用したかった。このような企業側のニーズも後押しした。

均等法のおもな内容は、募集、採用、配置、昇進について男女を差別しないこと。均等の機会を確保する努力を企業に義務づける。

教育訓練、福利厚生、定年、退職、解雇の男女の差別的扱いを禁止する。

現行の労働基準法の女子保護規定のうち時間外、休日労働についての規定は一部の業種を除き原則的に廃止する。深夜業規制は、管理職、専門職などには解除する、などである。

しかし、この均等法には、募集・採用などに罰則規定がなかった。さらに、労働基準法の女子保護規定の廃止と深夜業規制の解除については、働く女性の労働強化につながり、労働者保護に逆行するものだった。

均等法は１９８６年4月に施行され、４年制大卒女子の採用が大きく伸びることになる。

現在、女性の社会進出が進み、職場によっては、女性の地位が高い場合も多い。しかし、社長の数は圧倒的に男性の方が多いし、会社の幹部も同じである。１９８５年当時に比べれば、圧倒的に地位は向上しているが、まだまだである。

一方、アメリカではジェンダーギャップへの抗議が行き過ぎ、２０２４年、大統領選でのハリスの敗北にもつながった。あわてず、少しずつ男女間の差別をなくしていこう。２０２５年は男女雇用機会均等法が成立してから、ちょうど40年。あと10年ほどで、男女機会均等法以前を知っている社長や幹部もいなくなるだろう。その時には日本も大きく変わるだろう。

歴史 97

## 「六甲おろし」に、道頓堀川へのジャンプ
# 阪神タイガース優勝

昭和60（1985）年
10月16日

2023年、38年ぶりに日本シリーズに優勝した阪神タイガース。監督の岡田彰布《あきのぶ》は監督としても選手としても優勝を味わった数少ない選手だ。

彼が選手としてリーグを制したのは、1985年10月16日だった。この時は、バース、掛布、岡田、真弓という超スーパー級のバッターがそろっていた。全員が30本以上のホームランをかっ飛ばしていた。ありえない「猛虎打線」だった。10月16日優勝決定戦。場所は敵地の神宮球場。相手はもちろんヤクルトスワローズ。リーグ優勝まであと1つ勝つか引き分ければ優勝。監督の吉田義男はこの時を待っていた。

阪神は巨人と並ぶ名門球団ながら、優勝から見放されていた。最後に優勝したのは1964年、すでに21年がたっていた。この間、73年はあと1勝というとこ

ろで連敗して優勝を逃した。最下位になったこともある。

阪神ファンは「負けても酒が飲める。勝たなきゃ酒がまずくなる巨人ファンとは違う」と自虐的に語りながらも、誰もが優勝を心待ちにしていた。

この年は違った。驚異の「猛虎打線」で、10点取られても11点取り返す豪快野球を展開して、優勝まで、あと一歩のところまで来ている。

## ついに日本一

そしてスワローズ戦。勝負は5対5の引き分け、阪神が優勝した。

この勢いは、日本シリーズでも止まらなかった。11月2日には、パ・リーグの覇者・西武を破って日本一。地元の大阪や兵庫では「トラ・フィーバー」が最高潮に達した。そして、街じゅうに「六甲おろし」が流れ、感極まった阪神ファンは道頓堀に飛び込んだのだ。

歴史
98

## 社会党委員長、おたかさんフィーバー
# 日本初の女性党首誕生

昭和61（1986）年
9月6日

9月6日、日本社会党委員長選挙は、女性の土井《どい》たか子と男性の上田哲の一騎打ちになった。そして、土井が上田に大差をつけて当選。大政党では日本初の女性党首となった。

社会党は7月の衆参ダブル選挙で敗北を喫していた。衆議院の議席を85に落とし、55年以来の大惨敗だった。一方、自民は衆議院で議席を３０４に伸ばしている。ここで、社会党は、選挙の責任を取る形で石橋正嗣執行部を総退陣させた。労組出身である石橋を切って、労組中心から市民中心の党への脱皮をめざしていく。その象徴が女性の土井であった。

このイメージを一新させる策は大成功をおさめた。社会党は土井新委員長のもとで、「連帯できる党外のすべての人々と共同作業で政治に取り組みたい」とし

て、女性や市民とのネットワークを構築していった。さらに、土井のハツラツとした発言や庶民的なキャラクターで、「おたかさんフィーバー」をまきおこす。土井のもとで行われた１９８７年の統一地方選挙で自民を大敗させ、89年の参議院選挙で社会党は68議席を獲得。参議院総議席２５２のうち、自民党は１０９議席しか取れなかった。保革逆転を実現させることに成功する。

しかし、おたかさんフィーバーはそこまでだった。市民連合はしょせん、烏合《うごう》の衆の集まりでしかなかった。労組ほどの結束力はない。翌年行われた総選挙では、自民党は２７５議席、前回よりも票を落としたとはいえ、過半数を維持した。社会党も議席を１３６まで伸ばすが、政権をひっくり返す力はなかった。

そして、１９９３年、非自民、非共産の細川護熙内閣ができ政権交代はなるが、社会党はその主導権を握ることはできなかった。さらに、その後、自民党、社会党、さきがけの連立政権ができるが、自民党の延命を許したことで、多くの支持者が離れていく。結局、いまは社会党がなくなり、それを引き継いだ社会民主党の党首は福島瑞穂。女性であるが、議席は1議席である。

歴史

99

# 首都圏の地価高騰

## 首都圏で一坪1億円の土地が登場

昭和62（1987）年
9月30日

この時、すでに土地バブルが始まっていた。

この年の9月30日、国土庁が発表した基準値の地価は、全国平均の対前年度9・7パーセントの上昇を見せた。これは、前年の2・7パーセントを大きく上回るものだった。

特に首都圏の上昇率は驚異的だった。東京都の平均地価上昇率は85・7パーセント。実質的には2倍以上になっているところも多くあった。神奈川県も57・6パーセント。千葉・埼玉も20パーセントを超える上昇率だった。

このため、東京駅から35～40㎞の通勤距離圏での住宅地は一坪60万円に高騰。住宅地で最高の上昇率を示したのは横浜市緑区美しが丘の189・6パーセントでほぼ3倍。通勤の便が良い川崎市も高い上昇率を示した。

東京都内の住宅地では、23区外の吉祥寺、三鷹、調布の上昇率が高く、逆に千代田区・中央区・港区の都心3区は30パーセント程度。すでに土地の開発も進み、そのため値段が高く、極端な上昇は不可能だった。

## 明らかに始まっていたバブル

一方、商業地では、銀座と新宿で初めて坪1億円を超える評価地が登場した。この時、明らかに、すでに土地バブルが始まっていたのだ。都心で家を建てることは無理になり、23区外に土地を見つけるしかなくなっていた。

都心に住む場合は、手ごろなマンションを買うしかなくなっていた。そして、これから、本格的な土地バブルが始まる。都心でマンションを買うことすら難しくなっていった。

歴史 100

# 青函トンネル開業

## 本州と北海道を結ぶ世界最長の海底トンネル

昭和63（1988）年3月13日

石川さゆりが唄った「津軽海峡・風景色」は上野から旅立った女性が、青函連絡船に乗って、北海道に渡る歌である。現在、この青函連絡船はない。

1977年に石川さゆりが歌ったころには、青森から函館に行くには青函連絡船を使うしかなかった。

1988年3月13日、青函トンネルが地質調査開始の1946年以来、42年の歳月と約7000億円の巨費を使って開業した。距離53・85㎞、世界最長の海底トンネルだった。

このトンネルの完成で、上野－札幌間は新幹線を乗り継げば10時間52分で行けるようになった。連絡船に乗るよりも2時間26分も短縮された。

トンネルは全長の43パーセントが海底部で、最深部は海底100ｍに位置している。トンネルの中間には竜飛《たっぴ》海底駅もできた。

　青函トンネルが開業した当日の3月13日、最後の青函連絡船八甲田丸が出航した。延べ１億６０００人を運び、地球を２０００周した青函連絡船に対して、多くの乗客が詰めかけ、人々は紙テープを投げた。その紙テープは船全体を覆うようであった。青函連絡船は、その紙テープを残して最後の航行に出た。

　そして、いま、残っているのは石川さゆりが歌う唄だけである。

青函連絡船のメモリアルシップ八甲田丸と津軽海峡冬景色歌碑（写真：アフロ）

歴史

最後の日

## 昭和天皇崩御
### 沖縄訪問ができなかった陛下

昭和64（1989）年
1月7日

1月7日午前6時33分、皇居吹上御所で昭和天皇が崩御した。在位期間は62年と14日で歴代天皇のなかで最長だった。

昭和天皇の最後の望みは沖縄に行くことだった。

元首相の竹下登は何度となく昭和天皇に内奏をする機会があった。その彼が、もっとも鮮やかに記憶しているのは、陛下がことあるごとに、

「沖縄はどうかね」

と聞いてくることだった。竹下は沖縄の祖国復帰の時に官房長官であった。

「沖縄返還交渉の推移みたいなものを内奏したが、沖縄について大変心配しておられたことは事実だ。その後、ぼくは大蔵大臣が長かったから、財務局長が寄せてくる各地の景気動向の報告をしていると、『それで、沖縄はどうかね』と聞か

れる。そんなことが一度ならずあった。首相になってからも同じで、北海道のことを聞かれたこともあったが、やはり沖縄が多かったな」（『陛下の御質問』）と話している。

1987（昭和62）年、ついに陛下の思いが叶うチャンスが来た。沖縄で開かれる国体（国民体育大会）である。

4月29日、陛下は86歳の誕生日を迎えた。そして、沖縄での第42回国体秋季大会での訪問を前にして、次のように述べられた。

「沖縄訪問が実現することになりましたならば、戦没者の霊を慰め、長年県民が味わった苦労をねぎらいたいと思っています。これからも県民が力を合わせ、困難を乗り越えて県の発展と県民の幸福のために努めてくれるよう励ましたいと思います」

## 誕生日に現れた病魔

しかし、この思いは果たすことができなかった。病魔が陛下を襲ったのだ。陛下の体は、すでに、この86歳の誕生日に悲鳴を上げていた。

誕生日の祝宴がはじまってすぐに、陛下が突然、食事をもどしたのだ。時間は午後の1時20分ごろ。陛下は数度嘔吐した。顔色はさえず、呼吸も乱れがちで、こみ上げてくるものを押さえようと固く口を結んだ。

この異変にすぐに気がついたのは陛下の隣にいた美智子妃である。そして常陸宮華子妃も気づき、二人が陛下の両脇を抱えて退席した（『昭和最後の日』）。

しかし、この異変は、過密なスケジュールで心労がたたった一時的なものと思われた。

だが、違った。9月19日、朝日新聞の一面トップに「天皇陛下、腸のご病気」「手術の可能性」「沖縄ご訪問微妙」の文字が並んだのだ。そして、22日執刀、30日には退院されたが、病状は重かった。

結局、陛下は沖縄に行くことはできなかった。代行として明仁皇太子殿下（現・上皇陛下）が沖縄を訪問することになった。

## 御製に表れた陛下の悲愴な思い

10月24日、沖縄を訪問し、国体に列席された殿下は、昭和天皇の言葉を代読した。

「さきの大戦で戦場となった沖縄が、島々の姿も変える甚大な被害を蒙り、一般住民を含む数多の尊い犠牲を出したことに加え、戦後も長らく多大な苦労を余儀なくされたことを思うとき、深い悲しみと痛みを覚えます。

ここにあらためて、戦陣に散り、戦禍に倒れた数多くの人々や、その遺族に対し、哀悼の意を表するとともに、戦後の復興に尽力した人々の労苦を心からねぎらいたいと思います。終戦以来すでに四十二年の歳月を数え、今日この地で親しく沖縄の現状と県民の姿に接することを念願していましたが、思わぬ病のため今日沖縄訪問を断念しなければならなくなったことは、誠に残念でなりません。

健康が回復したら、できるだけ早い機会に訪問したいと思います。皆には、どうか今後とも相協力して、平和で幸せな社会をつくりあげるため、さらに努力してくれることを切に希望します」

陛下は、「できるだけ早い機会に訪問したい」と希望していたが、それが訪れることはなかった。翌88年1月、陛下が新年にあたり発表した御製（歌）には、沖縄への悲愴な思いが込められていた。

「思はざる病となりぬ沖縄をたづねて果さむつとめありしを」

そして、翌89年1月に崩御された。

知れば知るほど感動する
昭和の歴史100

**主な参考文献**

『日本全史（ジャパン・クロニック）』（講談社）、『毎日ムック　戦後50年』（毎日新聞社）、『新忘れられた日本人I～IV』（佐野眞一、毎日新聞社）、『わたしの失敗I～II』（産経新聞）、『教科書で絶対教えない偉人たちの戦後史』（倉山満、ビジネス社）、『知れば知るほど泣ける昭和天皇』(別冊宝島編集部編、宝島SUGOI文庫)、知れば知るほど泣ける田中角栄』(別冊宝島編集部編、宝島SUGOI文庫)、Wikipedia、各種ホームページ

**スタッフ**

装丁　　妹尾善史（landfish）
本文DTP　（株）ユニオンワークス
編集　　小林大作
執筆　　九鬼淳、中尾緑子

※本書は書下ろしです。

宝島SUGOI文庫

知れば知るほど感動する昭和の歴史100
（しればしるほどかんどうするしょうわのれきしひゃく）

2025年1月22日　第1刷発行

編　者　別冊宝島編集部
発行人　関川 誠
発行所　株式会社 宝島社
〒102-8388　東京都千代田区一番町25番地
電話：営業 03(3234)4621／編集 03(3239)0928
https://tkj.jp
印刷・製本　株式会社広済堂ネクスト


Printed in Japan
ISBN978-4-299-06278-9

# 宝島SUGOI文庫　好評既刊

## 稲盛和夫　魂の言葉108

稲盛《いなもり》和夫《かずお》 述　稲盛ライブラリー 構成

京セラやKDDIの創業者にしてJAL再生の立役者となった〝経営の神様〟稲盛和夫。稲盛氏の哲学や生き方、考え方は、いまなお多くの人にとって羅針盤となっている。本書では、永遠に語り継がれる同氏のフィロソフィのなかから、5つのテーマに分けて108の言葉を厳選して紹介。

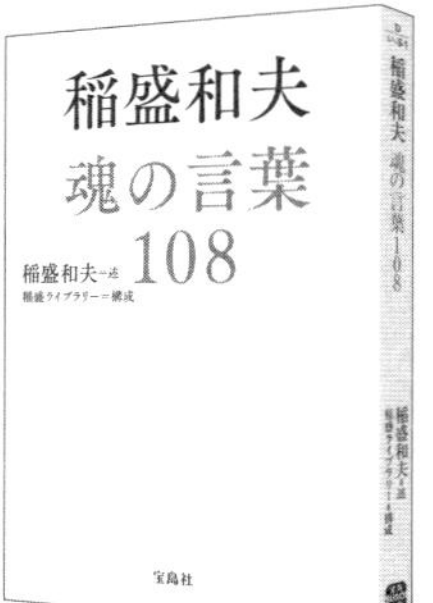


定価　880円（税込）